DIANNENG JILIANG FEIKONG ZHUANGZHI
JISHU YU YINGYONG

电能计量费控装置
技术与应用

张涛　主编

中国电力出版社
CHINA ELECTRIC POWER PRESS

内 容 提 要

本书以电能计量费控装置技术发展与现场应用为背景，全面阐述了电能计量费控装置的最新技术与应用。全书共分九章，主要内容包括概述、低压用户费控装置、高压用户费控装置选择原则、10kV 高供低计高压用户费控装置、10kV 高供高计高压用户费控装置、35kV 高压用户费控装置、费控交费业务规则、案例分析及费控装置检测技术。

本书可供从事电能计量、采集、营业电费等营销工作的专业人员参考，也可供从事电能计量费控装置研究和生产的相关人员参考。

图书在版编目（CIP）数据

电能计量费控装置技术与应用 / 张涛主编 . —北京：中国电力出版社，2020.11（2022.5重印）
ISBN 978-7-5198-5010-4

Ⅰ．①电… Ⅱ．①张… Ⅲ．①用电管理－费用—中国 Ⅳ．① F426.61

中国版本图书馆 CIP 数据核字（2020）第 184023 号

出版发行：中国电力出版社
地　　址：北京市东城区北京站西街 19 号（邮政编码 100005）
网　　址：http://www.cepp.sgcc.com.cn
责任编辑：刘丽平　匡　野（010-63412786）
责任校对：黄　蓓　朱丽芳
装帧设计：郝晓燕
责任印制：石　雷

印　　刷：北京天宇星印刷厂
版　　次：2020 年 11 月第一版
印　　次：2022 年 5 月北京第二次印刷
开　　本：787 毫米 ×1092 毫米　16 开本
印　　张：9.5
字　　数：179 千字
印　　数：3001—3500 册
定　　价：40.00 元

编 写 组

主　编　张　涛

副主编　郭贺宏　阎永升　韩迎军

参　编　谢振刚　韩　霞　郭易鑫　常明华　杨　俊　万国强

　　　　弓俊才　平　磊　韩建富　杨子成　杨　帅　刘佳易

　　　　王俊伟　张建民　张天忠　索思远　王潇炜　张卫民

　　　　刘肖春　付文浩　杨　宇　王咏欣　白志霞　王黎军

前　言

　　伴随着电能计量装置的不断发展，传统的电费回收工作也逐步由人工抄表收费转向智能交费，在这一过程中，电能计量费控装置也从无到有，不断演变和发展。但是，目前，没有相关的行业标准、企业标准或专业书籍对电能计量费控装置的相关技术与应用知识进行介绍。同时，市场上出现的各类费控装置因生产厂家众多、产品型号类型复杂、装置质量参差不齐，设备检测检验标准不一，甚至一些费控装置的质量、性能无法保障，导致费控装置故障频发，给电网安全稳定运行带来了一定的威胁。

　　国网山西省电力公司结合费控的应用实践，提出"以远程费控为主，本地费控与远程费控相结合，费控装置与防窃电技术相结合"的前瞻理念，一套完善的费控技术在国网山西省电力公司所辖供电区域内得到快速的应用推广，形成了费控装置的方案选型科学化、生产制造专业化、标准运用统一化的新格局。

　　本书是对国网山西省电力公司费控装置研究与应用的系统总结，用以指导全省营销人员开展费控装置的选型、采购、安装和使用。

　　本书分为九个章节，包括概述、低压用户费控装置、高压用户费控装置选择原则、10kV 高供低计高压用户费控装置、10kV 高供高计高压用户费控装置、35kV 高压用户费控装置、费控交费业务规则、案例分析、费控装置检测技术等内容，涵盖了各类费控装置。同时，本书面向营销计量一线人员和从事相关工作的技术人员，针对不同用户所安装使用的变压器容量和现场环境，详细介绍了费控装置的选型、安装接线、技术参数、检测标准，配以详细的安装示意图、一次接线图、二次接线图等大量图片；并通过分析典型案例，进一步指导现场安全规范安装和应用费控装置。

　　本书技术性较强，对推动电力行业费控装置的规范化和标准化应用，提升费控装置的技术、质量和应用意义重大。

　　由于水平、能力所限，本书中仍有诸多不足之处，恳请各位读者和专家不吝指正。

编者

2020 年 8 月

目 录

第一章　概　　述

第一节　背　　景

早在 2009 年，国家电网有限公司在开始全面建设用电信息采集系统和推广应用智能电能表时，就明确提出了要实现国家电网有限公司经营区域内全部电力用户安装应用智能电能表，实现用电信息采集的"全覆盖、全采集、全费控"的"三全"目标。经过 10 年的不断发展应用，国家电网有限公司系统内电力用户实现了智能电能表安装覆盖率、用电信息采集成功率等核心指标达到了 98% 以上，这为电能表实现"全费控"提供了可靠的基础保障和有利条件。

电能计量费控装置的主要作用是实现用户侧预缴电费实时监控、远程管理、电量分析、需求管理等功能，从技术上实现电费风险"月清月结"的工作目标，从手段上控制内、外部人为因素的干扰，从观念上转变用户传统的交费模式，从管理上规范供用电秩序，从安全上使电力用户设备隐患得到治理。费控装置具有开关和计量的综合功能，与负荷控制终端或其他控制器配合实现负荷控制、电能计量、预付费管理等功能。费控装置的推广应用，既能优质服务于守信用户，又能有效避免欠费和催收现象，同时提高了用户复电管理效率。

一方面，生产厂家多、产品型号类型多样、用户现场用电环境复杂，给费控装置的选型、安装、检测和应用带来了巨大的挑战；另一方面，由于市场上没有关于计量费控装置的相关技术标准、参考书籍，造成了费控装置的生产厂家、用户和各级检定机构在检测费控装置性能时的检测项目及评判准则也不统一，例如：现在指令执行时长不一，部分终端执行跳闸指令等待时间过长，甚至有不能执行指令情况的发生，导致费控功能不能进行有效试验；费控功能做不做、如何做等问题，导致不能有效对用户费控装置的各项性能进行统一考核和评价，有的试验项目没有相关的检测标准和依据，导致无法判断其对应的性能。这些因素均不利于电能计量费控装置的技术进步和推广应用。

针对以上问题，山西省电力公司一方面通过管理手段提升费控装置应用水平，牵头承担了国网公司高低压费控装置技术研究工作任务单，编写并向国网公司提交了大量关于费控装置、费控流程、费控系统方面的调研报告和建设性指导意见，编制了《国网山西省电力公司费控装置安装指导手册》，指导基层公司规范开展费控装置安装应用。另一方面通过技术手段提升费控装置质量水平，依托省级计量中心建立了费控装置核心元器件的检测实验室，联合本省知名费控装置生产制造企业加强技术研发，不断改进费控装置质量性能，全省费控装置安装应用数量和技术水平均处于国内领先水平。

综上所述，为满足相关设备制造厂商、电力从业人员、电力用户对计量费控装置的了解和使用需求，有必要编制出版《电能计量费控装置技术与应用》，介绍和指导计量费控装置的安装和应用，全面保证电能计量的公平、公正，提升用户的用电满意度和幸福感。

第二节 基 本 概 念

本书所介绍的电能计量费控装置包括低压计量费控装置和高压计量费控装置。为了使读者能够更好地学习和阅读本书，本节对书中提到的与费控装置密切相关的主要专业术语进行了定义和说明。

1. 低压用户

以 0.4kV 以下电压等级供电的用户。一般包括低压居民用户、低压非居民用户。从计量装置的安装和计量方式来讲，低压用户均为低供低计方式。

2. 高压用户

指供电电压为 10、35、110、220kV 的电力用户。从用户重要性等级来分，高压用户又分为普通高压电力用户和重要高压电力用户两类，从计量装置的安装和计量方式来分，高压用户又可分为高供高计高压用户和高供低计高压用户两类。

3. 普通高压电力用户

普通高压电力用户是指对其进行中断供电后，不会造成人员伤亡、重大安全事故和严重政治及社会影响的用电单位。

重要高压电力用户：重要高压电力用户是指在国家或者一个地区（城市）的社会、政治、经济生活中占有重要地位，对其中断供电将可能造成人身伤亡、较大环境影响、较大政治影响、较大经济损失、社会公共秩序严重混乱的用电单位或对供电可靠性有特殊要求的用电场所。

费控功能：智能电能表可以发出断电信号，控制费控开关中断供电；也可通过远程或本地方式使智能电能表处于合闸或允许合闸状态。

远程费控：远程费控是指借助信息通信技术，通过费控系统、营销业务应用系统、用电信息采集等系统及手机短信、语音电话等互动平台，采集智能电能表信息，进行电费测算，远程下达电费预警、停复电等指令及信息，实现可用电费余额自动测算、余额信息自动预警、停复电指令自动发送的一种向用户计收电费的方式。

本地量控：营销业务应用系统将用户预存电费计算成剩余电量，并通过采集系统下发到专变采集终端，由专变采集终端根据用户的用电情况实时扣减电量，并由终端执行停复电操作。

低压费控装置：指适用于低压居民用户、低压非居民用户的低压断路器，包括内置低压费控装置和外置低压费控装置，内置低压费控装置安装在单相智能电能表内部，当用户欠费后，用电信息采集系统发送跳闸命令，内置开关动作，用户停电。外置低压费控装置与智能电能表组合使用，一般安装在智能电能表后端，当用户欠费后，用电信息采集系统发送跳闸命令，外置断路器动作，用户停电。

高压用户费控装置：适用于高压用户，分高供高计、高供低计两种，一般是由高（低）压开关、互感器、控制箱（室）和取能装置等组件通过电气连接组成的成套装置。控制箱（室）一般包括智能电能表、专变采集终端、告警模块、控制回路、计量回路等。

智能交费业务：借助信息通信技术，通过远程实时费控、营销业务应用、用电信息采集等系统及 95598 短信、网上国网 App、电 e 宝 App 等互动平台，采集智能电能表信息，进行电费测算，远程下达电费预警、停复电等指令及信息，实现可用电费余额自动测算、余额信息自动预警、停复电指令远程发送的一种向用户计收电费的方式。

自动停电：对经过相关审核并合同约定采取自动停电方式的用户，在高压费控系统中测算出可用电费余额小于等于停电阈值时，营销业务应用系统自动判断具备执行条件时，向用户发送将于某时刻停电的通知信息后，并向用电信息采集系统发起停电指令，采集系统执行停电任务。

审批停电：对按规定需要审批和合同约定提前通知的用户，当在高压费控系统中测算出可用电费余额达到停电阈值时，营销业务系统发起审批流程，审批通过后，向用户发送将于某时刻停电的通知信息。

自动复电：对于经过相关审核并合同约定直接复电的用户，复电指令可直接由系统下达，并按约定方式向已停电用户发送复电通知进行告知，待预设的复电时限到达后实施远程复电。

安全复电：对于用户提出自动复电可能引发人身、生产事故的，经测算达到复电标准的，复电指令由相关专责审核，并发送复电指令给采集系统，同时发送复电短信告知用户和相关人员，由客户合闸送电。

智能电能表外置断路器：用于配合智能电能表对低压用户电流进行闭合、承载和分断操作的智能开关，具备自动跳合闸功能，一般安装于智能电能表后端。

微型断路器：能够闭合、承载和分断正常电路条件下的电流，而且在规定的异常电路条件下，比如短路电流，也能闭合、承载一定时间和自动分断电流的开关装置。额定电压：AC 230V、AC 400V；额定电流：40、63、80、100、125A；适用范围：用于单、三相低压供电负荷，负荷电流不大于125A。

塑壳断路器：塑壳断路器也被称为装置式断路器，所有的零件都密封于塑料外壳中，辅助触点，欠电压脱扣器以及分励脱扣器等多采用模块化。额定电压：AC 400V；额定电流：50、63、80、100、125、160、200、250、315、350、400、500、630A；适用范围：用于三相低压供电负荷，可作为支路开关使用。

框架式断路器：万能式断路器又称框架式断路器，是一种能接通、承载以及分断正常电路条件下的电流，也能在规定的非正常电路条件下接通、承载一定时间和分断电流的机械开关电器。其额定电压380、660V，额定电流200～6300A；适用于三相低压供电负荷，额定电流较塑壳断路器范围更大，宜做主开关使用。

真空断路器：真空断路器因其灭弧介质和灭弧后触头间隙的绝缘介质都是高真空而得名。其额定电压10、35kV，额定电流5000A；适用于高压三相户内配电，常用于开关柜中。

移出式断路器：高压开关柜中有手车装置，手车能移出推入，方便更换维修，又称中置柜。其额定电压10、35kV，额定电流630、1250、1600、2000、2500、3150A；适用于35kV及以下电压等级系统。

跳合闸：负荷开关可接收停复电信号并执行跳合闸，该类开关在本书中称为费控开关。

直接接入式智能电能表：不经互感器接入的智能电能表，简称直入表，通常为低压表。

经互感器接入式智能电能表：经互感器接入的智能电能表，通常低压表经3个电流互感器接入，高压表经2个（或3个）电流互感器、2个（或3个）电压互感器接入。

开关内置（或外置）智能电能表：跳合闸开关设计安装在表内（或表外）的智能电能表。一般情况下，直入表额定最大电流小于等于60A时开关内置，大于60A小于等于100A时开关外置；经互感器接入式智能电能表全部开关外置。

专变采集终端：是对专变用户用电信息进行采集的设备，可以实现电能表数据的采集、电能计量设备工况和供电电能质量监测，以及客户用电负荷和用电量的监控，并对采集数据进行管理和双向传输。

高供高计：指电能计量装置设置点的电压与供电电压一致且在 10（6）kV 及以上的计量方式，高供高计是供给电力用户的电压为高压，比如 10kV，一般是专变用户，同时在高压侧装设电压互感器、电流互感器进行计量，即"高压供电、高压侧计量"。

高供低计：指电能计量装置设置点的电压低于用户供电电压的计量方式。在高压供电系统中，一般情况下，当变压器总容量在 315kVA 及以下时，可以在低压侧装设电流互感器进行电量计量，即"高压供电、低压侧计量"。

低供低计：指电能计量装置设置点的电压与用户供电电压一致且为 220V 或 380V 供电的计量方式。

电子表盘控制器：在高压费控装置中，只有电能表或采集终端控制回路与费控开关控制回路相连方可实现跳合闸动作。因电能表跳闸信号输出节点容量小，不能安全有效控制开关跳闸，为了解决这一问题，提高高压费控装置动作安全性、稳定性，在电能表（采集终端）与费控开关控制回路中接入电子表盘控制器，可对开关进行有效控制，同时直观显示开关状态。

第三节 用 户 分 类

本书将电力用户主要分为低压电力用户、高压电力用户两大类。为了后续章节让读者更加清晰、准确地了解电能计量费控装置的技术和使用，本书进一步将低压电力用户细分为低压居民用户、低压非居民用户两类，高压电力用户分为高供高计电力用户和高供低计电力用户两类。

一、低压用户

1. 低压居民用户

低压居民用户从供电电压上看，目前最主要、最常见的仍以 220V 为主，如城乡居民住宅，包括单元楼、半房等。但是，随着人民生活水平的提升，城市高档小区几乎都配套了大户型，城市中不断出现的别墅，农村盖起的小洋楼，这类虽然作为居民用户，但是由于住宅面积大，家用电器负荷多，通常安装了三相电能表，由 380V 电压供电。从计量方式来看，无论是 220V 供电，还是 380V 供电，均为低供低计用户，即电能计量装置设置点的电压与用户供电电压一致的计量方式。

2. 低压非居民用户

低压非居民用户从供电电压上看，大多为 380V 电压等级供电，也有 220V 电压等级供电的。除居民用户以外的用户，主要包括低压非居民照明用户（如铁路、公路、桥梁等信号灯，城市的霓虹灯以及市政管理的路灯等）、低压非工业用户（如村委会、乡镇政府、乡镇医院等）、低压普通工业用户（如农村普遍存在的家庭作坊式的小型电焊、电解、电化工等工业用户）、低压商业服务业用户（如城市小区配套的底商、商铺）等。

二、高压用户

1. 高供高计的高压用户

这类用户首先是高压用户，即供给电力用户的电压为高压，比如 10kV，一般是专变用户。其次是指计量方式为高计，即电能计量装置设置点的电压与供电电压一致且在 10（6）kV 及以上的计量方式，同时在高压侧装置电压互感器、电流互感器进行计量，即"高压供电、高压侧计量"。

2. 高供低计的高压用户

这类用户首先也是高压用户，即供给电力用户的电压为高压，比如 10kV，一般是专变用户。其次是指计量方式为低计，即电能计量装置设置点的电压低于用户供电电压的计量方式。在高压供电系统中，一般情况下，当变压器总容量在 630kVA 及以下时，可以在低压侧装置电流互感器进行电量计量，即"高压供电、低压侧计量"。

第四节　费控装置的发展

随着用户需求的不断变化和电能表、采集终端设备以及用电信息采集技术的不断进步和发展，费控装置也在不断的优化改进。本节将分别从低压计量费控装置和高压计量费控装置，简要介绍费控装置的发展历程。

一、低压计量费控装置

早期的低压费控计量装置主要包括机电式预付费电能表、电子式预付费电能表等，人们通常把早期的低压费控计量装置叫作低压预付费电能表，下面从五个方面简要介绍低压计量费控装置的发展历程。

（一）预付费装置的发展历程

费控装置使用的电能表类型也由早期的机电式预付费电能表逐步发展为电子式预付费电能表，进而发展为现在广泛应用的智能电能表；采用的预付费方式更是各种各样，有投币、代码交换、IC 卡、电钥匙、存储纽扣、红外方式等；费控装置和表计的相关性能和功能也在逐步完善，日新月异。

我国最早的费控装置的应用可以追溯到 20 世纪 90 年代，为了解决收费困难的问题，电力公司投入大量资金从国外进口了一批投币式预付费电能表。由于投币式预付费电能表的投币口向用户开发，所以存在着用户窃电的可能，因此，预付费投币装置也逐渐退出了市场。

到了 90 年代末，IC 卡技术的进步推动了电力系统预付费装置的发展变革。当时的第一代预付费装置为机电结合式 IC 卡预付费装置，采用的还是存储器卡，连电子显示器也没有，剩余电量是通过一排发光二极管指示的，但是由于能很好地解决困扰电力公司多年的合表纠纷和收费难的问题，很快就在部分地区得到了快速应用。

到了 21 世纪，随着部分大城市中城网的一户一表改造工程的实施，部分电力公司和预付费装置的生产厂家进行了方案论证，确定了城市一户一表改造方案的预付费装置实施方案，由此，在部分大城市的城网改造中，开始大规模使用预付费装置和预付费电能表，对全国预付费装置的广泛使用起到了极大的推动作用。

在 2000 年左右，国家电力公司向系统内的电力企业发出通知，明确提出：在城乡居民一户一表改造工程中，不宜选用 IC 卡预付费装置。当时，此通知的发布也不是不无道理的，有些专家学者针对 IC 卡预付费装置提出了安全性的质疑，并列举了多种通过 IC 卡口对预付费装置进行攻击的手段以及 IC 卡的破译手段。面对技术难题，很多地区纷纷停止了刚刚启动的预付费装置安装应用项目。但也有个别地区选择了迎难而上，再次联合国内各大厂家组成预付费装置联合设计小组，攻克技术难题，成功设计出了卡口防攻击的电路，并推出了首款 CPU 卡的预付费装置，从而又一次推动了预付费装置的发展。

2001 年，预付费装置国家标准《IC 卡预付费售电系统》发布，该标准包含了三个部分：第 1 部分 GB/T 18460.1—2001《总则》，第 2 部分 GB/T 18460.2—2001《介质管理》，第 3 部分 GB/T 18460.3—2001《IC 卡预付费电能表》。该标准和原机械行业标准 JB/T 8382—1996《预付费电度表》相比，无论在功能上还是在性能上的要求都有了很大的提高，可以说该标准的诞生对费控装置的发展又一次起到了积极的推动作用。

2008 年，国家电网有限公司制订了预付费电能表的技术规范，2009 年进行了统一招标，标志着预付费电能表进入新的发展时期。

（二） 预付费装置用户带来的变革

1. 改变了传统的抄表收费模式

现行的抄表收费管理模式有以下几种：

（1）人工抄表收费方式：电力公司为用户安装普通计量功能的电能表，按固定的时间由管理人员上门抄表和收费。这种方式的缺点是需要管理人员多、工作量大；优点是计量用电能表成本低，采用现场收费方式容易被用户接受，基本不存在用户能源被切断的问题。

（2）抄表器抄表方式：抄表员拿着抄表器到现场接收抄表数据，回到营业所将数据自动传输到电脑收费系统，完成抄表工作。此方式主要适用于电能表安装分散区域，如郊区、农村等区域。

（3）自动抄表收费方式：电力公司为用户安装具有通信能力的计量用电能表，通过通信网络系统自动完成用户计量电能表的数据抄收，再通过金融网点方式以自动或人工方式完成缴费。这种方式技术难度高，通信网络建设及维护成本大；优点是自动化程度高，节省人力，并很容易实现系统的实时监控，也可以进行远程切断用户用电的操作。

（4）预付费收费方式：为用户安装预付费装置，通过 IC 卡作为传输介质，在用户和供电管理部门之间传输信息，自动实现计量仪表的抄收以及缴费工作。这种方式成本较高，信息传输不及时，同时让用户充当了信息通道的角色，未体现供电管理部门服务的宗旨。其优点是实现了抄表、收费、控制的三位一体，有效杜绝了欠费现象的发生，管理人员和管理费用少。

在发达国家，以人工或自动抄表收费方式为主。其原因是金融业高度发达，发生欠费的情况较少，同时电力管理部门有实力建立抄表网络系统，具有较强的自动化管理水平。在发展中国家，人工抄表收费方式和预付费收费方式并存。其原因是人口众多，人工管理方式已经逐渐无法管理，而管理部门还不具备资金和技术实力推行网络化的自动抄表收费管理系统，金融业的发展已经初具规模，预付费收费方式恰好成为较佳的选择，既可以实现电能表数据的抄表，也避免了欠费。

2. 提高了电力公司信息化建设和管理水平

伴随着预付费装置的推广，电力公司必须培养人才，熟悉计算机操作，掌握智能卡密钥的发行和分配，和银行和营业网点之间建立可靠的网络连接，维护拥有数百万甚至上千万用户的数据库，及时有效地处理用户故障，提供多种售电的模式以及网络查询的便利等，把电力公司的信息化建设和管理水平提高到一个新的层次。这在传统的人工抄表时期是无法做到的。

（三）预付费装置的主要功能分析

（1）用电控制功能：当用户购电量或购电金额用完时，自动切断用户用电；当用户购买新的电量或金额后，输入到电能表中之后可以恢复供电。

（2）显示功能：可以清晰地显示用户的用电量和剩余电量或剩余金额等信息，便于用户使用。

（3）报警功能：当用户预付费装置中所剩电量小于报警电量时，能够给予声或光的报警提示，以便用户尽快购电。

（4）返读功能：用户每次将电卡插入到预付费装置后，电能表将自动把用电信息回写到电卡中，以供售电管理系统查询。

（5）补卡功能：当用户购电卡丢失时，可以通过售电网络为用户补发电卡。

（6）透支功能：当预付费装置中的剩余电量或剩余金额用尽后，可以插卡启动透支功能，允许用户在紧急的情况下继续使用一定的电量。

（7）检查功能：售电网络可以发行检查卡，定期对用户预付费装置的运行情况进行检查。

（8）自检功能：预付费装置能在运行过程中进行故障自检，发现故障时进行提示，便于供电管理部门及时排查。

（9）超负荷控制功能：预付费装置应能检测到用户是否在超负荷用电，超负荷时应能切断用户的供电，用户插卡后应能恢复供电。

（10）通信功能：售电部门可以通过建立一定的数据通信信道，对用户使用的电能表中的运行数据及时进行抄收。

（四） 预付费装置的技术特点

1. 安全性问题

预付费装置的安全性，一方面肯定要依靠管理，严厉打击各种窃电行为，另一方面必须靠技术来保证，也就是说预付费方案必须在一段时间内具备足够的安全机制，同时还应随着技术的发展，不断的改进和升级换代。

CPU卡，从应用角度上讲，在很大程度上比存储卡和加密卡提供了更多的安全机制，但也应密切关注其安全性。首先，计算机的速度越来越快，网络功能日益强大，由于CPU卡使用的加密算法绝大多数都是公开的，集群破解一组密钥所需的时间也越来越短。其次，即使采用了CPU卡作为介质，也可以通过卡口捕获其进行安全认证的全过程，分析后进行破解，在适当时候将非法的数据输入预付费装置中。因此，首先必须制定一套严谨周密的设计方案，增加破译的难度，其次电能表中对每次交易的数据要记录，售电系统应具备进行异常分析和统计的功能。

2. 卡口防攻击问题

卡接口的安全性，采用接触式还是非接触式的IC卡？非接触式的安全性优于接触式的接口，且没有机械磨损，是最佳的选择，但成本较高。采用接触式的接口，必须加防攻击的电路，保证能抵御来自外界的一定程度的攻击。

3. 断电装置的选择

预付费装置中，断电装置是一个关键部件。早期的预付费装置往往采用的是继电器，有人就采用大电流将继电器的触点烧融结，使之无法断电，因此，断电装置一定要采用可靠的脱扣开关或各类具备自动跳合闸功能的断路器。

4. 电价调整的问题

预付费装置在使用过程中，由于政策性电价上涨调整，会导致用户在调整前期形成抢购电量的短暂现象；同时预售的电量，当遇到电价调整后将会造成电费的损失。因此，预付费装置在设计上应考虑电价调整后的对策，一般有以下几种对策：一是设计限购电量，限制用户囤积电量。二是采用金额方式，电价调整后将新的电价下装到电能表中。

5. 多费率预付费装置的预付费问题

多费率预付费电能表由于无法预先知道各费率的用电量，因此无法实现按用电量进行预售，因此针对拟实行分时电价政策的预付费管理模式需要采用金额的方式控制用电。

6. 预付费装置的抄表问题

预付费装置本身的数据传输介质 IC 卡，已是一种抄表方式，但是无法完全满足用电监管的需要，需要新的配套抄表方式，例如红外抄表、485 抄表、电力线载波等自动抄表方式。

7. 预付费装置的换表问题

预付费电能表由于故障而需要更换时，表内的用电数据和设置的参数如何传递到新的电能表中，另外，用户搬迁时如何将电能表中的剩余电能量返还给用户。因此，预付费电能表在设计时应考虑换表时对表内数据的处理问题。

8. 售电系统的便利性问题

预付费电能表的售电系统应便于用户就近购电、随时购电的需要，因此应充分利用银行等营业网点多，发展代收电费和充值的业务。同时，应设立自主的购电设备，24小时售电，还应开设网上售电业务，使用户足不出户就可以购电。另外，为了进一步提升服务水平，还可以提供为行动不方便的老人或伤残人员，重要高压客户、优质高压客户代购电业务等。

二、高压计量费控装置

高压计量费控装置的设计思路大致经历了如下三个时期。

（一）第一代高压计量费控装置

第一代高供低计的高压计量费控装置结构相对简单，控制回路单一，在户外安装装置时，具备独立费控功能，封闭在一个金属壳体内，多功能电能表与控制开关之间加装继电器等组成机械表盘作为控制单元。在户内安装装置时，在用户低压总开关前端加装了控制回路，当用户欠费后，总开关跳闸，用户负荷全部断电；当用户交费后，合闸恢复供电。

第一代高供高计的费控装置几乎都采用了杆装形式，形成这种方式的历史原因主要有：从防窃电角度考虑，费控计量装置应安装在用户产权分界点的开关前端；从线路安全角度考虑，部分用户费控计量装置安装在分界点开关后端；从人身安全角度考虑，杆装式实现了高压设备与人体的有效分离，保证了用户人身安全；从土地成本角度考虑，杆装式占地面积小，往往利用现有电杆即可进行安装；从经济角度考虑，组合费控计量装置价格便宜。

第一代杆装高供高计费控装置主要包括多功能电能表、机械控制器、费控断路器等。现场安装有以下两种方案。

方案一：在进线侧先安装组合计量装置，其后端加装智能断路器，增加二次控制回路，计量装置与智能断路器通过机械控制器实现费控。这种方案的缺点是费控装置与保护跳闸共用一台智能断路器，在变压器不增减容量的情况下，电压互感器更换流程复杂，涉及部门多，更换不方便；智能断路器具备保护功能，智能断路器或组合计量装置发生故障时，需从进出线两侧排查，查找原因困难；防窃电性能差；防风、抗震效果差。

方案二：在进线分界点处安装智能断路器，其后端安装组合计量装置，取能电源来自风能、光能、蓄电池等，增加二次控制回路，跳合智能断路器实现费控。这种方案的缺点是费控装置欠费跳闸后，组合计量装置信号无法回传；费控装置与保护跳闸共用同一台智能断路器，智能断路器具备保护功能，智能断路器或组合计量装置发生故障时，需从进出线两侧排查，查找原因困难；风能、光能、蓄电池取能电源成本较高且故障率较大。

（二）第二代高压计量费控装置

第二代高供低计高压费控装置增加了防窃电功能，在用户变压器出线侧安装整体式费控装置，主要包括互感器、费控断路器、电能表、电子表盘控制器、采集终端等，通过电子表盘控制器实现对断路器的控制。

第二代高供高计费控计量装置主要包括多功能电能表、采集终端、电子表盘控制器、互感器、费控断路器等。从防窃电角度出发，费控断路器与计量互感器组装在一个金属壳体内；从安全角度考虑，智能断路器安装在计量装置前端，若电压互感器发生爆炸不会造成主线路跳闸，导致大面积停电。正常情况下，费控电源取自独立电压互感器，独立电压互感器电源取自线路侧。市场上也存在增加风能、十电池等独立取电电源，费控断路器与智能断路器共用一台。这种做法理论上节省了一个费控开关，但增加的取电装置成本可能远大于费控开关的成本，而且断路器跳闸原因不明确（费控跳闸与线路故障跳闸分辨不清）。原则上计量用电压互感器与取电用电压互感器必须独立安装，避免取电用的 TV 故障时，造成计量用 TV 误差增大，进而影响计量的准确性。综上所述，这类设备的应用给供用电双方都带来了不少麻烦。

（三）第三代高压计量费控装置

第三代高供低计高压费控装置主要包括智能电能表、采集终端、回路巡检仪、电子表盘控制器、具备自动跳合闸功能的断路器等,组成更加完善。户外安装时,当用户配电变压器容量在 80kVA 及以下时,建议选用分支箱式低压费控装置,设备结构是费控装置与电缆分支箱相结合,安装方式分为落地式和杆装式两种。当用户配电变压器容量在 80~315kVA 时,建议选用低压无功补偿费控装置,设备结构是费控装置与 JP 柜相结合,安装方式分为落地式和杆装式两种。户内安装时,当用户配电变压器容量在 80kVA 及以下时,建议选用柜式低压费控装置,设备结构是费控装置与 GGD 柜或 MNS 柜相结合,安装方式为落地式。当用户配电变压器容量在 80~315kVA 时,建议选择柜式无功补偿低压费控装置,设备结构由费控装置与 GGD 柜无功补偿装置或 MNS 柜无功补偿装置相结合。第三代费控装置的主要特点是控制回路既可以控制用户总开关,也可以根据用户实际需求进行分路控制,且断路器功能更加完善,同时增加电子表盘控制器进行控制,提高了费控断路器跳合闸的稳定性及安全性,成套装置从外观、结构设计上也更加美观,方便安装。

第三代高供高计费控装置建议选用落地式安装。用户选择户外落地安装时,分界点已安装智能断路器的,费控装置应独立安装;分界点无智能断路器的,智能断路器与费控装置组合成箱式费控装置。用户选择户内落地安装时,分界点已安装智能断路器的,费控计量柜可与用户高压柜并柜安装,常用柜型有 KYN28、HXGN 等;对于双电源用户可选装互锁式费控装置,这样做解决了当前双电源互锁,单独费控等问题。

第三代高供高计费控装置主要有四个优点:①户内落地安装时,可结合本地量控,有效实现分路或多路控制;②户外落地安装时,一、二次融合能有效防范杆装费控装置存在的问题;③通过门节点能有效防范窃电;④在实际应用中,在互感器浇注体表面用光学方法加工出铭牌或浇注体器身直接带有电流变比标识,通过个性化定制功能增加标识,防止用户私自更换互感器电流变比,有效防范窃电。

三、费控装置的市场预期

我国是用电大国,也是装备制造业生产和使用大国,据有关资料显示,目前,我国电能表生产厂家已有 100 多家,年产电能表的生产能力达 2 亿只,且大部分从事电能表、低压电流互感器生产的厂家都具备生产费控装置的技术条件。正常情况下,我国的电能表市场年需求量大约有 5000 万只左右,其中低压用户需求量占 85%~90%,高压用户需求量占 10%~15%。

随着费控装置技术的不断发展以及国内相关行业服务意识的提高,传统消费观念的不断改变,无论是对低压用户还是高压用户,"电是商品,先交费后用电"的理念将随着时代的进步深入人心。在未来的一段时间内,在中国这样一个用电大国,全面推广应用费控装置,实行对电力用户用电计量、收费和控制是具有良好的市场应用和发展前景的。

第二章　低压用户费控装置

第一节　低压用户费控装置分类

一、低于居民用户费控装置

低压居民用户费控装置主要是指通过用电信息采集系统、集中器、智能电能表和外置断路器（或内置负荷开关）共同实现在用户欠费时，智能电能表内的负荷开关或者外置低压断路器自动跳闸，实现费控功能。本节分为开关内置、开关外置两种方式对低压居民用户的费控装置进行讲解。

1. 开关内置方式

当最大电流不超过 60A 时，低压居民用户一般配置了单、三相远程费控智能电能表（开关内置），由用电信息采集系统根据预设的电费、电价和实时采集的居民用电数据实时计算剩余金额，根据报警和跳闸门限值向智能电能表下发跳闸命令，由智能电能表内置的负荷开关跳闸，切断居民用户用电负荷与智能电能表前的供电回路，实现居民用户欠费跳闸功能。当用户交费成功后，可通过用电信息采集系统向智能电能表发送允许合闸命令，智能电能表内置负荷开关合闸，恢复用户供电。

选择开关内置的费控智能电能表分为以下两类：

（1）单相智能电能表。计量方式：低供低计；额定电压/电流：220V，5（60）A；开关内置。

（2）三相四线智能电能表。计量方式：低供低计；额定电压/电流：3×220/380V，3×5（60）A；开关内置。

2. 开关外置方式

当最大电流大于 60A 时，低压居民用户应配置单、三相远程费控智能电能表（开关外置），由用电信息采集系统根据预设的电费、电价和实时采集的居民用户用电数据实时计算剩余金额，根据报警和跳闸门限值向智能电能表下发跳闸命令，由智能电能表执行告警并驱动外置的低压断路器跳闸，切断居民用户用电负荷与智能电能表前的供电回路，实现居民用户欠费跳闸功能。当用户交费成功后，可通过用电信息采集系统向智能电能表发送允许合闸命令，由智能电能表控制外置断路器合闸，恢复用户供电。

选择开关外置的费控智能电能表分为以下三类：

（1）单相智能电能表。计量方式：低供低计；额定电压/电流：220V，10（100）A；与额定电压/电流匹配的低压断路器。

（2）三相四线智能电能表。计量方式：低供低计；额定电压/电流：3×220/380V，3×10（100）A；电能表接入方式为直接接入，开关外置。

（3）三相四线智能电能表。计量方式：低供低计；额定电压/电流：3×220/380V，3×1.5（6）A；电能表接入方式为经电流互感器接入，开关外置。

二、低于非居民用户费控装置

低压非居民用户费控装置主要是指通过用电信息采集系统、集中器、智能电能表和外置断路器共同实现在用户欠费时，通过用电信息采集系统下发跳闸指令给智能电能表，再由外置低压断路器跳闸，实现费控功能。

低压非居民用户的负荷电流往往大于60A，多数情况下使用经互感器接入式的三相远程费控智能电能表（开关外置），由用电信息采集系统根据预设的电费、电价和实时采集的非居民用户用电数据实时计算剩余金额，根据报警和跳闸门限值向电能表下发指令，由智能电能表执行告警和驱动外置断路器跳闸，切断非居民用户用电负荷与智能电能表前的供电回路，实现非居民用户欠费跳闸功能。当用户交费成功后，可通过用电信息采集系统向智能电能表发送允许合闸命令，再由外置的断路器实现合闸，恢复用户供电。

选择开关外置的费控智能电能表为三相四线智能电能表。计量方式：低供低计；额定电压/电流：3×220/380V，3×1.5（6）A；智能电能表接入方式为经电流互感器接入，开关外置。

第二节　低压费控装置技术要求

一、低压外置费控断路器分类要求

1. 按级数分

低压外置费控断路器按级数分为：①1P＋N，带一个保护级的二极断路器；②2P，带两个保护级的二极断路器；③3P，带三个保护级的三极断路器；④3P＋N，带三个保护级的四极断路器；⑤4P：带四个保护级的四极断路器。

2. 按安装方式分

按照低压外置费控断路器的安装方式分为平面安装式、嵌入式安装、配电板式安装。

3. 按控制方式分

按照低压外置费控断路器的控制方式分为以下四种。①手动控制式：手动合闸、手动跳闸的控制方式；②半自动控制方式：自动跳闸，手动合闸的控制方式；③全自动控制方式：自动跳闸，自动合闸的控制方式；④半自动和全自动可选择控制方式：设置有半自动、全自动模式选择开关，当选择半自动模式时功能与半自动控制方式相同，当选择全自动模式时功能与全自动控制方式相同。

二、低压外置费控断路器特性要求

低压外置费控断路器特性要求主要包括了以下 14 个方面：

（1）控制信号要求为 AC 220V 电平。

（2）瞬时脱扣电流为 C 型。

（3）额定电压：优选值见表 2-1。

表 2-1　　　　　　　　　　额 定 电 压 优 选 值

断路器	断路器的供电电路	断路器的额定电压（V）
单极	单相（相线对中性线或相线对相线）	220
	三相四线	220
	单相（相线对中性线）或三相，使用三个单极断路器	220/400
二级	单相（相线对中性线或相线对相线）	220
	单相（相线对相线）	400
	三相（四线）	220
三级	三相（三线或四线）	400
四级	三相（四线）	400

（4）额定绝缘电压应不低于 500V。

（5）额定冲击耐受电压应不低于 6kV。

（6）额定电流优选值有 40、63、80、100、125A。

（7）额定频率标准值为 50Hz。

（8）额定短路能力应不低于 6000A。

（9）自动合闸时间小于等于 3s。

（10）上电延时时间大于等于 4s。

（11）额定控制电平电压为 AC 220V。

（12）控制电平电流小于等于 1mA。

（13）相线泄漏电流：控制单元合闸后，每相线消耗的稳态电流应小于 0.2mA。

（14）功耗：断路器每极最大功耗应满足表 2-2 要求。

表 2-2 <center>每 极 最 大 功 耗</center>

额定电流范围 I_n(A)	每极最大功耗（W）
$10 < I_n \leq 16$	3
$16 < I_n \leq 25$	4
$25 < I_n \leq 32$	5
$32 < I_n \leq 40$	6.5
$40 < I_n \leq 50$	8
$50 < I_n \leq 63$	11.5
$63 < I_n \leq 100$	13.5
$100 < I_n \leq 125$	18

三、低压外置费控断路器操作机构要求

低压外置费控断路器操作机构应满足的要求包括：①操作部件必须灵活可靠，具有自由脱扣机构；②全自动控制方式应具有电动操作机构；③应使动触头只能置于闭合或断开的位置，即使操作件释放在一个中间位置也是如此；④断路器应具有可用手动分闸和合闸的操作把手，操作把手应固定可靠；⑤操作把手和带电部件之间应有良好的绝缘以保证安全；⑥多级断路器除了可开闭的中性极外，其他所有极的动触头机械上应保证同时接通和同时分断，即使仅在一个保护极发生过载时也是如此；⑦如有开闭中性极，则开闭中性极应比保护极先闭合、后断开；⑧如果具有适当短路接通分断能力的一个极被用作中性极，并且断路器是无关人力操作，则所有的极包括中性极可以基本上同时动作；⑨除手动控制方式外的断路器，在接收到分闸命令时，断路器应自动分闸并使动触点处于断开位置，手动无法合闸；⑩处于合闸命令的断路器，应支持手动分合闸功能，且分闸后如遇到掉电重新上电情况，断路器应一直处于分闸状态；⑪对支持全自动控制方式的断路器，自动合闸部件应采用内轴传动方式的全封闭结构，实现自动合闸功能，确保处于分闸状态的断路器手动闭合操作把手内部触头仍停留在断开位置。

低压外置费控断路器的每极在断开位置时均应可靠断开，同时应按满足隔离功能所必须的要求提供一个隔离距离。至少用操作件的位置或分开的机械指示器两个方式指示主触头的断开位置和闭合位置。

断路器应用适当的方法指示其触头的闭合和断开位置。应有能用手动闭合和断开动触头的操作部件，操作件可用来指示触头位置，用"｜"或"合""ON""红色"表示闭合位置，用"○"或"分""OFF""绿色"表示断开位置。除手动控制方式外，断路器应具有红色控制信号指示灯，指示灯应设置在开关正面，当控制电平为 AC 220V 时，指示灯亮；当控制电平为 0V 时，指示灯灭，便于识别当前智能电能表的控制电平状态。

四、低压外置费控断路器电气结构要求

低压外置费控断路器的控制信号采取 AC 220V 电平方式，控制单元供电从控制信号线取电，分、合闸动作时可以从相线短暂用电，每相线消耗的稳态电流应小于 0.2mA 的要求。

低压外置费控断路器的反馈信号采取 AC 220V 电平方式内部串联 100kΩ 电阻后输出，单相断路器反馈信号从相线取电，三相断路器反馈信号应从三相取电，并保证在任一相缺相时仍能正常反馈信号，反馈信号仍为 AC 220V 电平方式，内部串联 100kΩ 电阻后输出。控制及信号反馈线的截面积应不小于 0.3mm²，线两端应带有压接好的防反接接线头，接线头具备防错接功能。

五、费控电能计量箱的选择要求

低压费控电能计量箱应带用户操作窗，保证用户可以通过操作窗对属于用户手动操作的开关部分进行操作。外置负荷开关的安装位置，应结合现场实际情况，安装于智能电能表之后，用户手动操作开关之前，确保控制回路接线整齐美观，封闭在方便铅封的计量箱内，不被用户破坏。

（1）单表位计量箱可选择箱组式计量箱和独立式计量箱，箱组式计量箱组合安装时可配备配电分线箱。计量箱中智能电能表与进、出线开关成"品"字结构组合为宜。

（2）多表位计量箱由进线室、计量室、出线室组成。进线室为计量箱的配电室，装设总开关、采集终端、UK 接线端子、防窃电装置（选配）、配电设施等，位于计量室、出线室的左侧或右侧，并与计量室相隔离；出线室为计量箱的电气控制、保护、接线室，装设保护开关、费控装置等，位于计量室上侧（上出线）或下侧（下出线），并与计量室相隔离；箱内智能电能表行列排布为 1～3 行、1～5 列，通过其行列组合及单元结构模块组合构成相应系列表位数的计量箱。

（3）经低压电流互感器接入式计量箱由进线开关室、互感器室、智能电能表/采集终端表计室、出线开关室组成，各开关室应与表计室、互感器室相隔离。

第三章　高压用户费控装置选择原则

第一节　基 本 原 则

　　新装（增容）高压用户应安装高压用户计量费控装置，通过用电信息采集系统和专变采集终端共同实施费控。用户宜安装三相无费控智能电能表或费控智能电能表，通过专变采集终端与用电信息采集系统传输信息，专变采集终端控制信号连接用户开关跳闸控制回路。用电信息采集系统根据用户的交费信息和定时采集的用户电能表数据，发送催费告警通知，当剩余电费等于或低于跳闸门限值时，向专变采集终端发送跳闸控制命令，专变采集终端接受命令后切断安装在用户总回路或分路上的费控开关，实现欠费跳闸。

一、控制原则

　　高压费控用户可采用总控或分路控制等方式实现费控。在实际操作中，由于受控制回路现场复杂、不便实施铅封保护、用户可能随意拆除破坏等因素影响，原则上建议结合业扩报装要求及费控协议，对于用电性质单一、跳总开关不会造成人身、设备等重大安全事故或重大经济损失的高压用户，宜直接接入用户侧进线高压总开关或低压总开关对其进行费控。对于不宜跳总开关或跳总开关困难的高压用户，需根据用户现场实际情况选取一个或几个分路开关进行费控。

二、安全原则

　　（1）高压费控只允许操作用户侧开关，严禁操作线路侧开关，必须保证主线路安全稳定运行。

　　（2）高压费控装置应安装声光报警装置以实现欠费预警提醒功能，可安装在便于用户观察和接收报警信息的位置。

　　（3）高压费控在确保用户知晓欠费停电前提下，主站远程下发跳闸命令，开关自动跳闸，用户交费成功后，主站远程下发允许合闸命令，合闸操作根据用户签订的用电协议自主选择远程/本地操作。

　　（4）高压供电线路与专变用户费控装置之间，建议加装户外智能真空断路器，有效避免高压线路故障对智能交费终端 TV 的破坏，同时有效避免因智能交费终端 TV 的损坏引起的线路保护跳闸（解决不断电原则和 TV 老化的矛盾）。

（5）三相三线采用 Vv 接线，TV 二次侧可靠接地，减少铁磁谐振的产生；三相四线采用 Yy 接线，加装独立取电源 TV，安装消谐器，有效保护线路和 TV 的安全。

（6）采用高压永磁计量专用真空断路器控制时，建议优先选用电子表盘控制器，既能通过指示灯显示开关工作状态，又能有效保护采集器触点，使表计更安全，降低控制器回路的故障率。

（7）费控装置均应加装避雷器，有效保护设备雷电过电压。

三、接线原则

高压费控装置按高供高计、高供低计方式划分，其基本接线示意图如下：

（1）高供高计的高压费控装置接线示意图如图 3-1 所示，电能表、二次回路状态巡检仪、采集终端等设备安装于用户变压器高压侧进行计量，控制总路跳、合闸的总开关或控制分路跳、合闸的分路开关也安装于用户变压器高压侧，用于自动切断用户负荷。

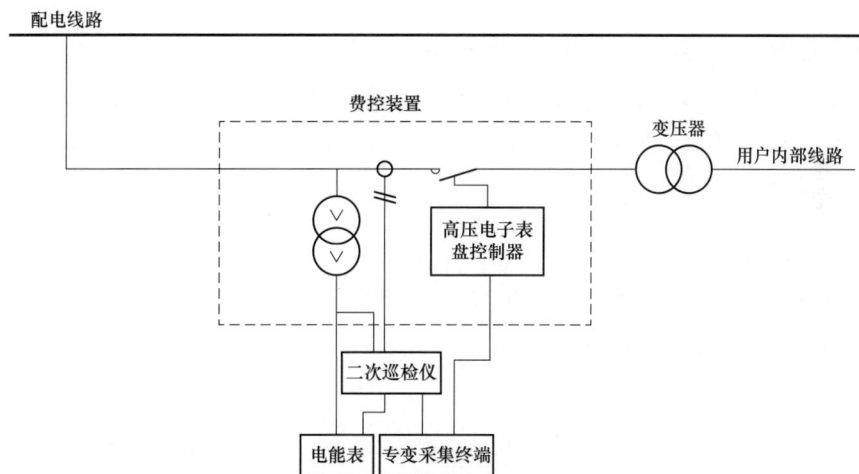

图 3-1　高供高计费控接线示意图

（2）高供低计的高压费控装置接线示意图如图 3-2 所示，电能表、二次回路状态巡检仪、采集终端等设备安装于用户变压器低压侧进行计量，控制总路跳、合闸的总开关或控制分路跳、合闸的分路开关也安装于用户变压器低压侧，用于自动切断用户负荷。

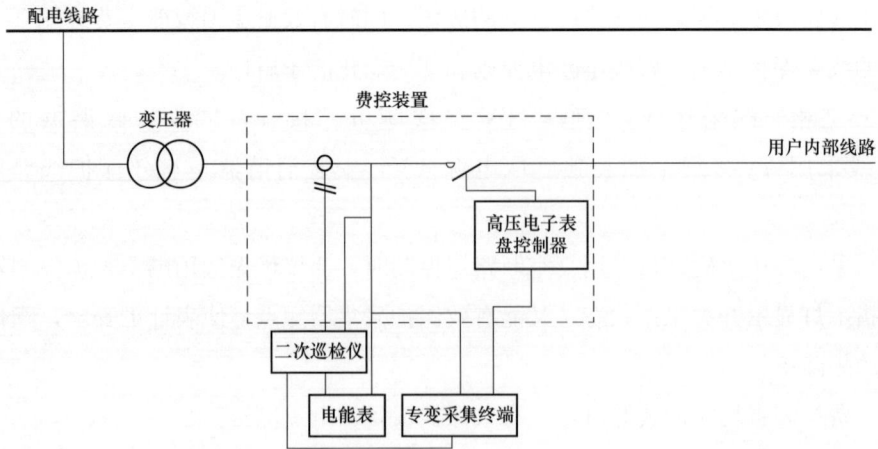

图 3-2　高供低计费控接线示意图

第二节　装置选择原则

一、专变采集终端

（1）专变采集终端应使用国网标设范围内的专变采集终端，对于高供高计方式，电源应取自线路侧 TV；对于高供低计方式，电源直接取自低压线路。

（2）专变采集终端跳闸控制接点容量不足或接点数量不够时，可通过加装中间继电器实现，考虑实际应用，宜优先考虑接总开关实现费控，其次选择按轮次跳闸的方式实现费控。

二、费控开关

（1）新装（增容）高压用户应按照变压器容量划分，315kVA 及以上用户高、低压回路应全部具备控制功能，高压侧可通过真空断路器控制，低压侧可通过负荷开关控制；315kVA 以下用户可选择将用户低压负荷开关接入费控跳闸回路实现费控。

（2）费控开关应是具备电动分闸功能的智能开关，开关应配置电动操作机构，操作电压 AC 100V、AC 220V、DC 100V、DC 220V 可选，且符合国家或行业相关标准。

（3）费控开关应具备遥控、遥信端子，能够接收主站下发的远程费控命令，同时遥信端子应输出信号，保证能够监测开关状态。

（4）费控开关的安装位置应安装在用户产权分界点处，安装方式应根据现场实际情况选择安装在计量箱内、开关柜内、箱式变电站内或地面配电屏柜内等。

（5）费控开关主要包括万能断路器、户外真空断路器（ZW 系列断路器）、户内永磁真空断路器等。断路器类型、描述、主要参数及图片见附录1。

第四章　10kV高供低计高压用户费控装置

第一节　变压器容量80kVA以下户外安装用户

变压器容量为80kVA以下的高压用户，当供电电压在10kV时，其计量方式为高供低计，目前这种类型的用户所安装的主要是户外费控装置，一般有低压分支箱费控装置、整体式低压费控装置等。

一、低压分支箱费控装置

1. 装置简介

低压分支箱费控装置是根据目前市场上应用最为广泛的一款新一代电能计量费控装置，装置主要安装于交流50Hz、额定电压380V的三相电力线路上，可用于有功、无功电能计量和费控功能。电流互感器精度一般为0.5S级。

低压费控计量装置针对高供低计用户使用，采用户外杆架式固定安装，安装于室外变压器后端，适用于变压器容量10～80kVA用户。低压分支箱费控装置的特点是在费控计量装置的基础上，为用户提供两路分支断路器，这样用户节省了额外增加一台分支开关箱的费用。

（1）装置主要技术参数：

额定电压：380V；

额定绝缘电压：660V；

额定频率：50Hz；

额定电流：15～120A；

主母线额定短时耐受电流：6kA。

（2）装置结构。低压分支箱费控装置由计量表、电流互感器组、真空交流接触器、电子表盘控制器、分支断路器等组成。低压分支箱费控装置在进线端加装了避雷器；开关通过电缆和电子表盘控制器相连，接头采用航空插头连接；采用紧固件固定，组件安装满足电气间隙要求；设置观察窗，观察窗尺寸满足抄表和监控要求，并采用厚度不小于4mm的无色透明玻璃；有带封圈的进、出线孔，门锁采用三点锁紧防撬锁，箱门带有门界点开关（或钳封），控制门上设置电源指示灯、告警指示灯、合闸指示灯、分闸指示灯。颜色分别采用：合闸为红色、分闸为绿色、告警为黄色、电源为白色。

2. 功能介绍

低压分支箱费控装置是由互感器、电子表盘控制器、真空永磁接触器、分支断路器组成的成套装置。费控计量装置在完成常规电能计量的同时，还可以完成剩余电量告警、零电量跳闸等功能。用电信息采集系统根据用户的交费信息和定时采集的用户智能电能表数据，当电量等于告警限值时，告警指示灯亮并发送催费告警通知；当剩余电量等于或低于跳闸限值时，向专变采集终端发送跳闸控制命令，跳闸指示灯亮，专变采集终端通过开关控制器切断用户智能交费装置；用户缴费成功后，通过用电信息采集系统向专变采集终端发送允许合闸命令，允许合闸指示灯亮，由用户自行手动合闸，恢复用电。

3. 现场安装

低压分支箱费控装置适用于装设有杆架式变压器的专变用户户外安装，装置安装于用户专用变压器后端，进出线方式为右上进线左下出线方式。

外形及内部元件排列图见图 4-1，原理图见图 4-2。

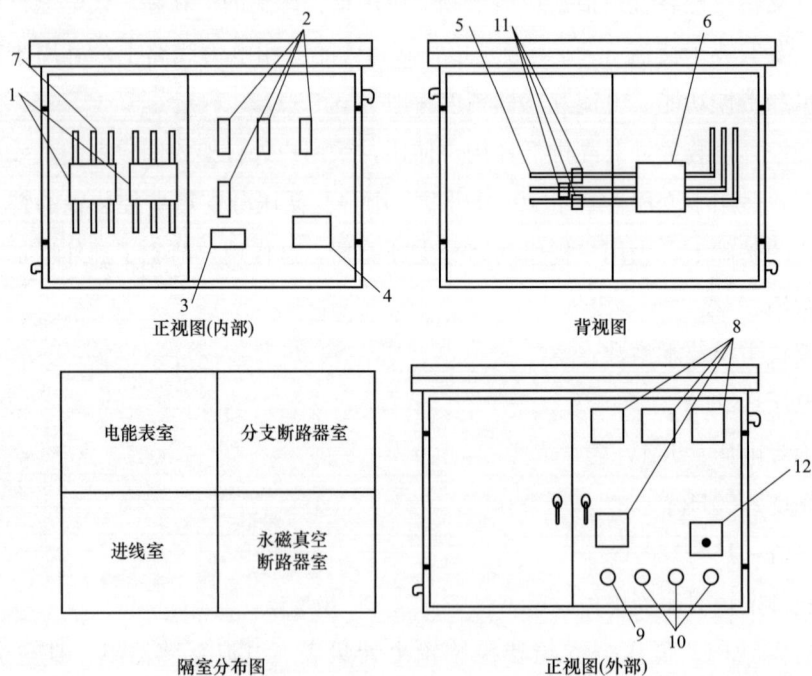

图 4-1　外形及内部元件排列图

1—分支断路器；2—智能电能表预留表位；3—多功能接线盒；4—电子表盘控制器；5—进线母排；6—真空交流接触器；

7—分支断路器母排；8—智能电能表观察窗；9—允许合闸按钮；10—允许合闸、合闸、分闸、报警指示灯；

11—电流互感器；12—责权开关门锁

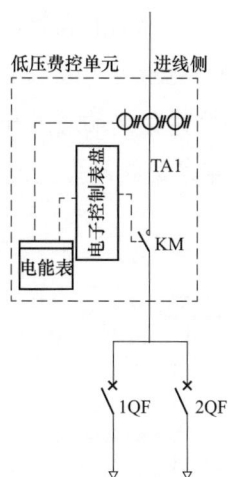

序号	代号	名称	数量	单位	备注
1	KM	低压真空永磁交流接触器	1	只	低压预付费装置
2	TA1	电流互感器	3	只	
3	1QF	断路器	1	个	
4	2QF	断路器	1	个	

图 4-2　原理图

二、整体式低压费控装置

1. 装置简介

目前，市场上用于变压器容量在 80kVA 以下的用户的预付费装置还有整体式低压费控装置，常见的有 DJK—0.4W 型低压费控计量装置。该装置主要安装于交流 50Hz，额定电压 380V 的三相电力线路上，可用于有功、无功电能计量和费控功能，电流互感器精度一般为 0.5S 级。特别适用于中、小型容量场所。

（1）主要技术参数：

额定电压：380V；

额定绝缘电压：660V；

额定频率：50Hz；

额定电流：15～120A；

主母线额定短时耐受电流：6kA。

（2）装置结构：

DJK—0.4W 型低压费控计量装置由壳体、交流永磁真空接触器、电子表盘控制器、电流互感器等组成，外壳采用 1.5mm 厚的不锈钢板焊接组成，柜门启闭灵活，门上有专用锁。进线方式上进下出，二次线采用捆扎固定，一个端子连接一根导线，装置有散热网孔。外形结构图见图 4-3。

2. 功能说明

DJK—0.4W 型低压费控计量装置是由互感器、开关控制柜（箱）等组件通过电气连接组成的成套装置。费控计量装置在完成常规电力计量的同时，还可以完成剩余电量告警、零电量跳闸等。系统根据用户的交费信息和定时采集的用户电能表数据，当电量等于告警限值时，告警指示灯亮并发送催费告警通知；当剩余电量等于或低于跳闸限值时，向专变采集终端发送跳闸控制命令，跳闸指示灯亮，专变采集终端通过开关控制器切断用户智能交费装置；用户交费成功后，通过系统向专变采集终端发送允许合闸命令，允许合闸指示灯亮，由用户自行手动合闸。

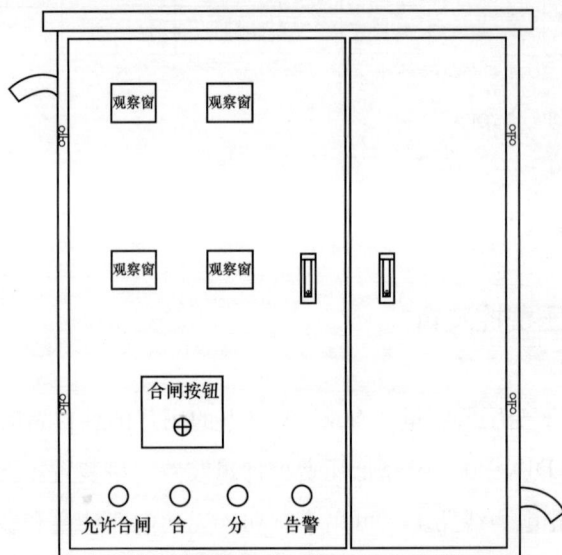

图 4-3　DJK—0.4W 型低压费控计量装置外形结构图

3. 安装接线图

图 4-4 和图 4-5 为多功能接线盒到电能表及采集终端的接线图。

三、常见设备选型

1. 方案一

低压分支费控装置适用于高供低计的计量方式，费控装置安装在变压器后端使用，适用于高供低计、控制总路的高压用户。低压分支费控装置主要包括低压电流互感器、低压永磁真空接触器、分路塑壳断路器、专变采集终端、智能电能表、电子表盘控制器及控制线缆等组成。

对于变压器容量在 80kVA 以下的高压电力用户，推荐首选在用户变压器出线侧直接加装低压分支费控装置，既可以实现远程费控功能，又满足用户多路负荷用电需求，根据其安装方式不同，可分为杆架式安装和落地式安装两种。

低压分支费控装置如图 4-6 所示。

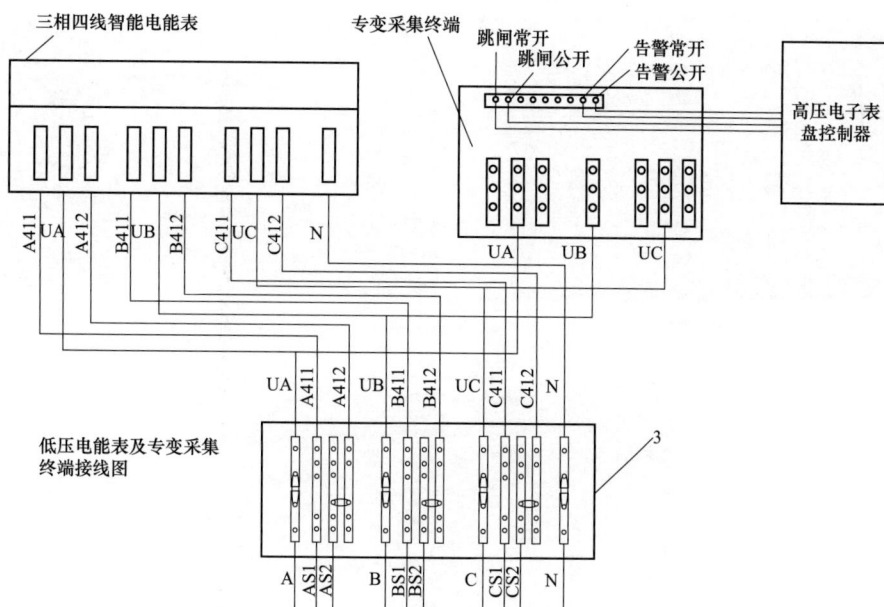

图 4-4 智能电能表与专变采集终端二次接线图

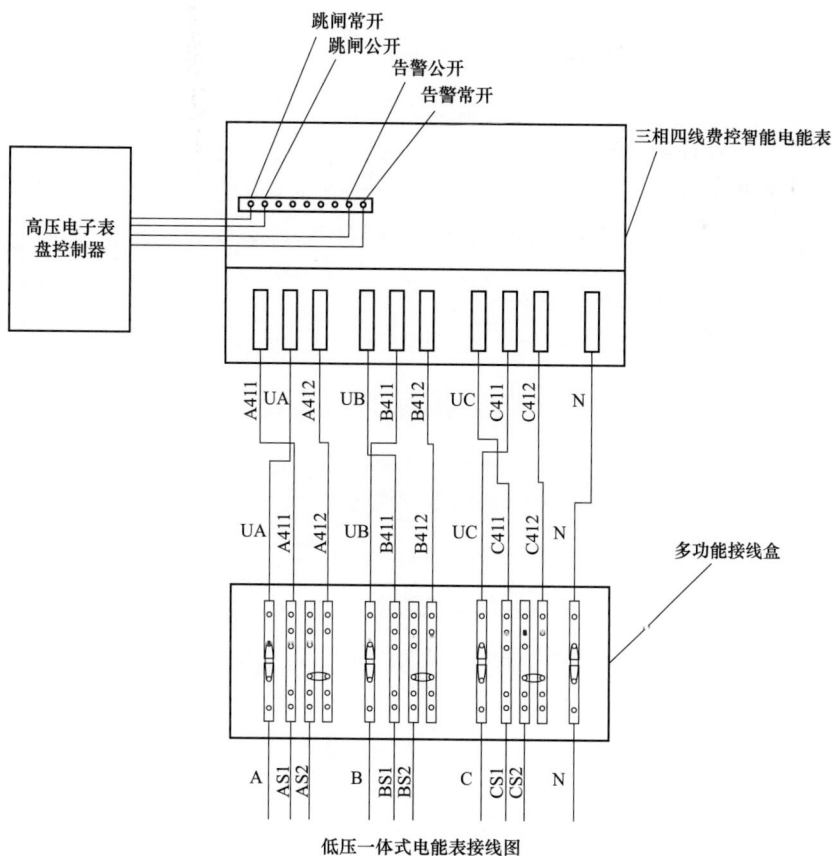

图 4-5 一体化智能电能表接线图

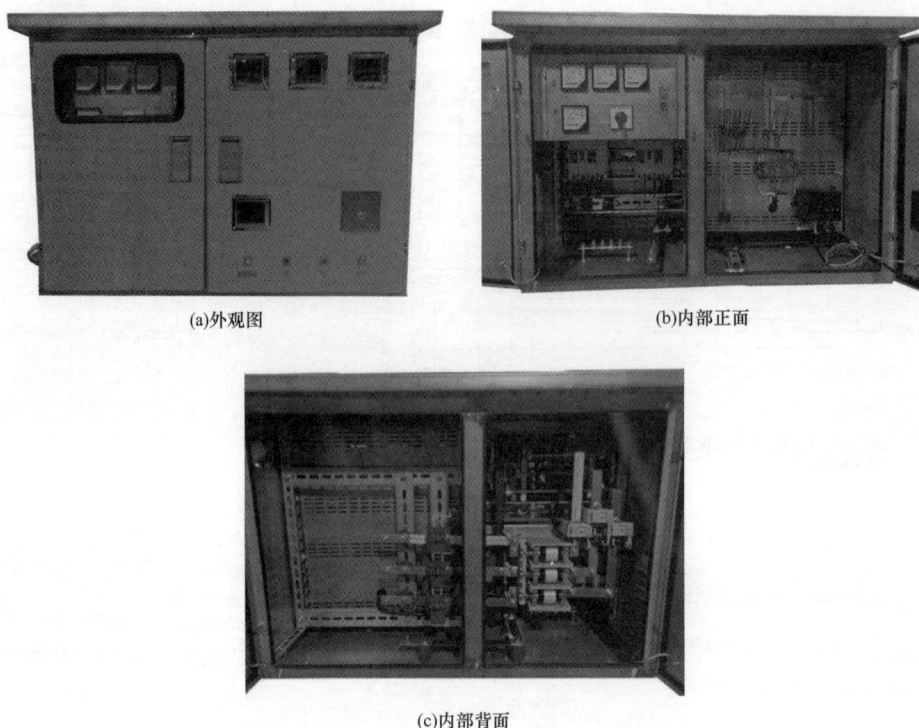

(a)外观图
(b)内部正面

(c)内部背面

图 4-6　低压分支费控装置

　　低压分支费控装置安装如图 4-7 所示。对于杆架式安装时，一般情况下用户变压器为双杆架设，需在变压器下方新增横向底座，将低压费控分支箱整体安装在横架上；或悬挂在变压器横担下。变压器出线直接进入低压分支箱费控装置箱内，与低压分支箱费控装置断路器的进线端连接。

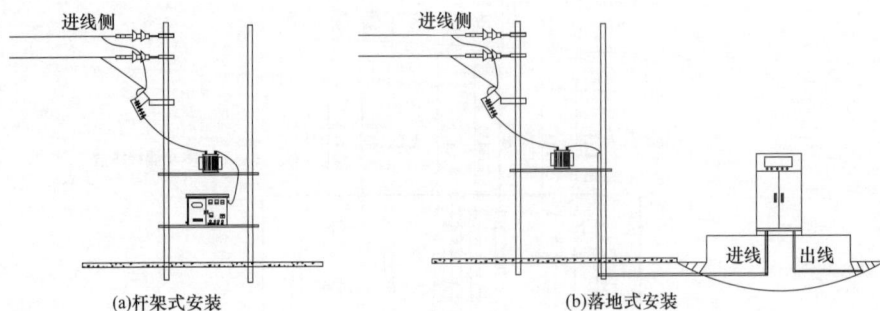

(a)杆架式安装
(b)落地式安装

图 4-7　低压分支费控装置安装示意图

　　低压分支费控装置一次接线图如图 4-8 所示。

　　低压分支费控装置接线示意图如图 4-9 所示。

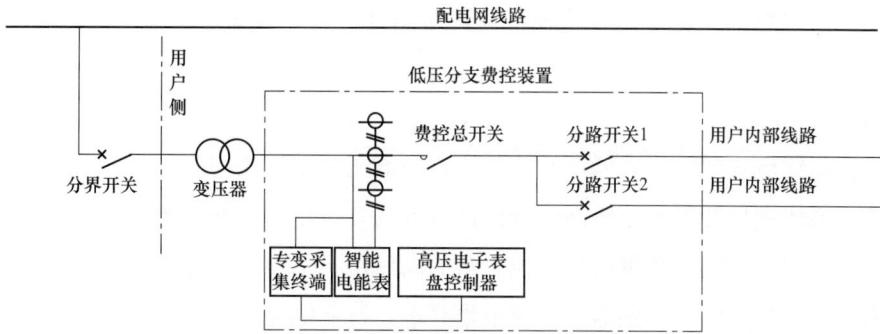

图 4-8　低压分支费控装置一次接线图

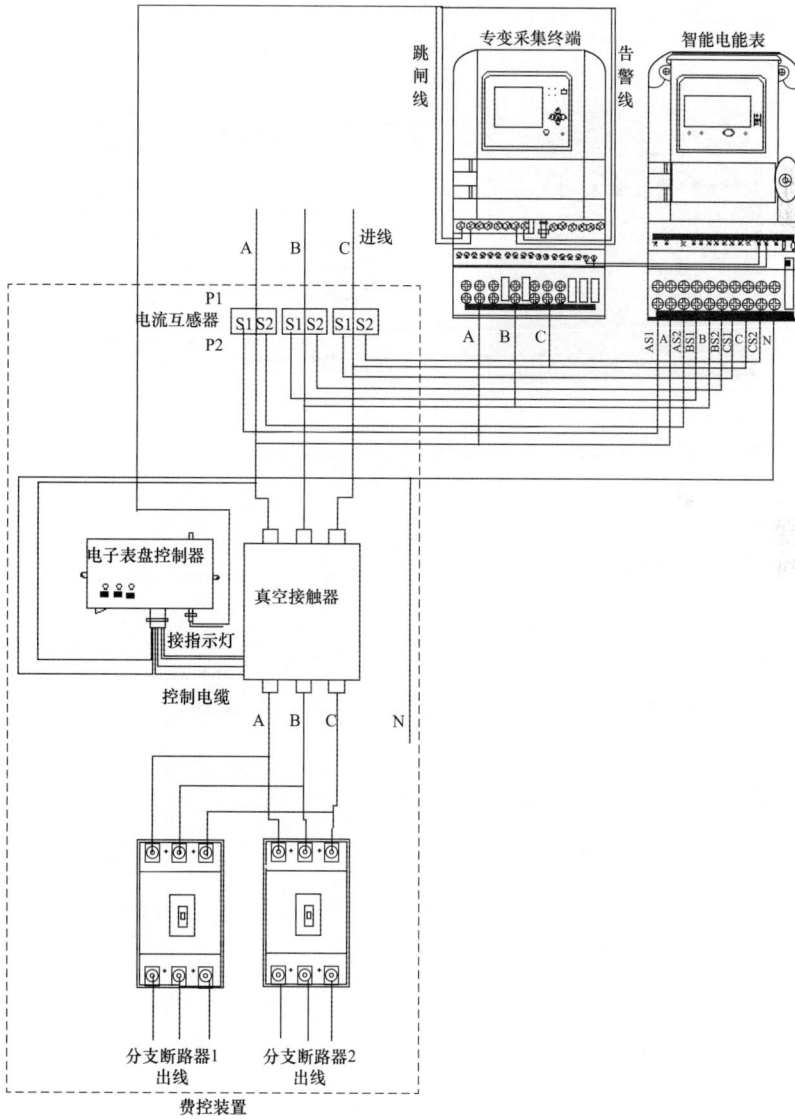

图 4-9　低压分支箱费控装置二次接线示意图

方案一的优点是节省一个总开关，节省壳体材料，节省安装费用，防窃电性能强。推荐使用。

2. 方案二

变压器出线侧安装整体式低压费控装置，与低压分支箱相连。

整体式低压费控装置宜用于高供低计计量方式，应户外杆挂或墙壁固定安装，用于室外变压器后端。适用于高供低计、控总路的高压用户。整体式低压费控装置由低压永磁真空断路器、低压电流互感器、专变采集终端、智能电能表、电子表盘控制器及控制线缆等组成。

整体式低压费控装置参考图如图 4-10 所示。

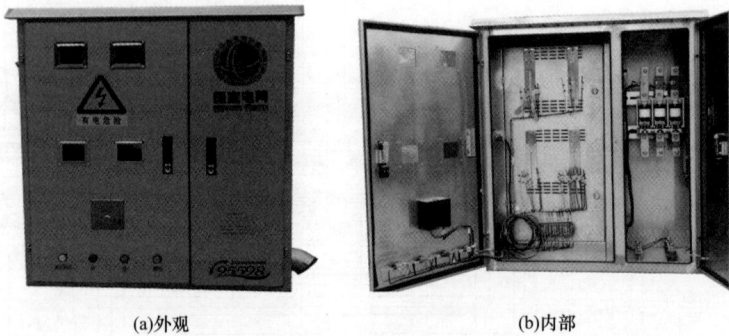

(a)外观　　　　　　　　　　　(b)内部

图 4-10　整体式低压费控装置

整体式低压费控装置安装示意图如图 4-11 所示。

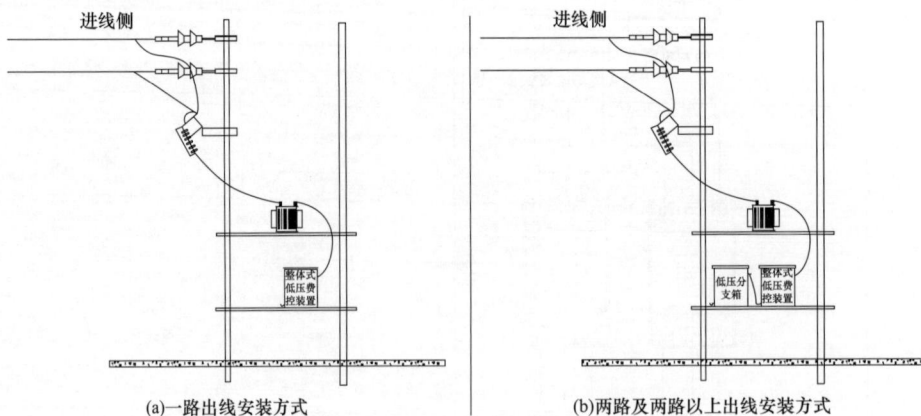

(a)一路出线安装方式　　　　　　　　(b)两路及两路以上出线安装方式

图 4-11　安装示意图

整体式低压费控装置一次接线图如图 4-12 所示。

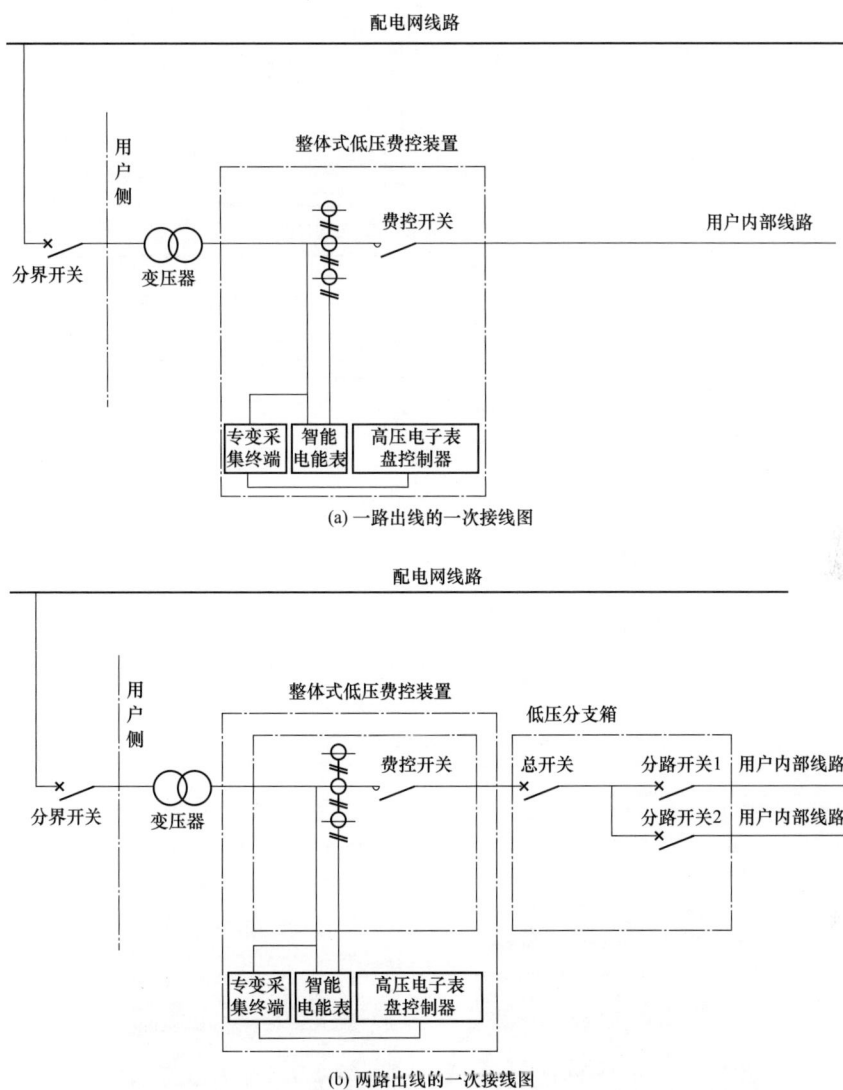

(a) 一路出线的一次接线图

(b) 两路出线的一次接线图

图 4-12 一次接线图

整体式低压费控装置二次接线示意图如图 4-13 所示。

3. 方案三

变压器出线侧安装分体式低压费控装置，费控装置出线侧与低压分支箱连接，满足用户多路负荷用电的需求。分体式低压费控装置宜用于高供低计计量方式，产品如图 4-14 所示，其可分开关箱与计量控制箱两部分，开关箱安装在变压器出线绝缘子上，通过电缆与计量控制箱相连，完成费控功能。开关箱由低压电流互感器、低压永磁真空断路器、绝缘子、壳体等组成，计量控制箱由智能电能表、专变采集终端、电子表盘控制器、壳体等组成。

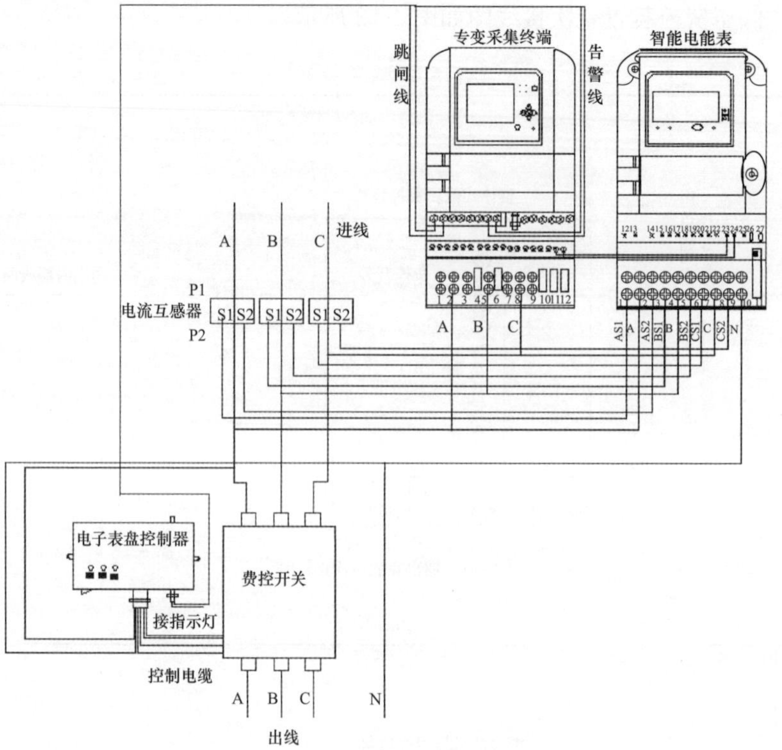

图 4-13　二次接线示意图

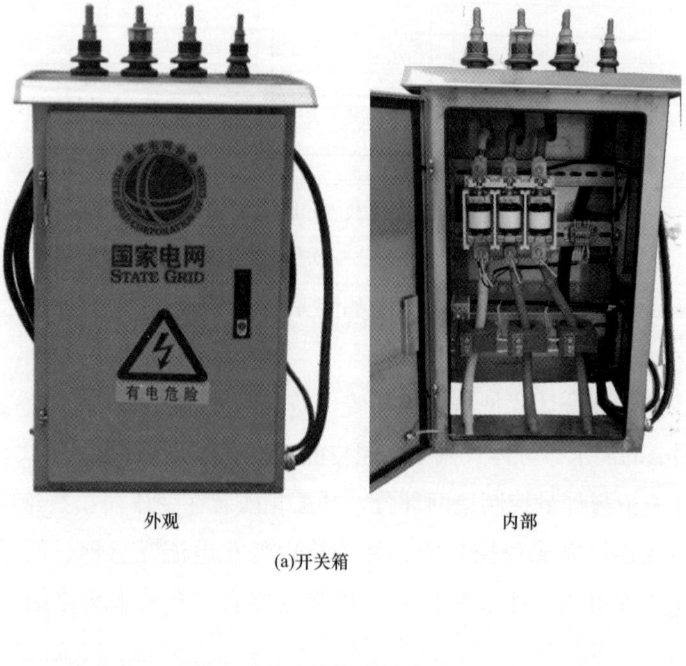

外观　　　　　　　　　内部

(a)开关箱

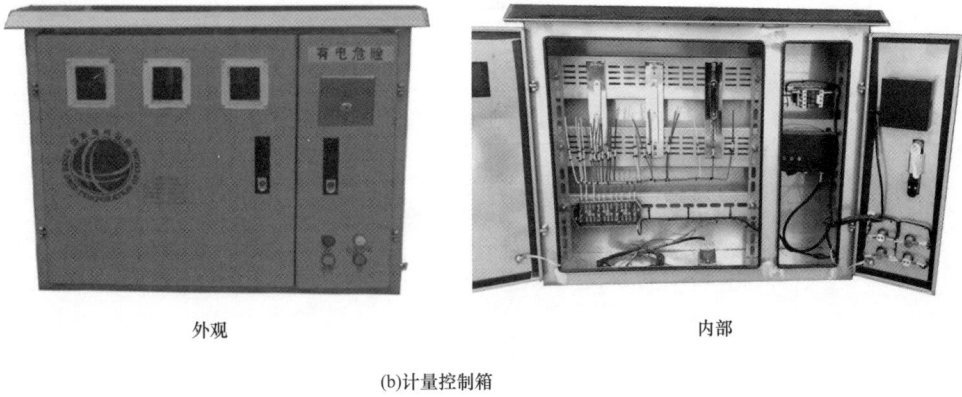

外观　　　　　　　　　　内部

(b)计量控制箱

图 4-14　分体式低压费控装置

分体式低压费控装置参考图如图 4-14 所示。

分体式低压费控装置安装示意图如图 4-15 所示。

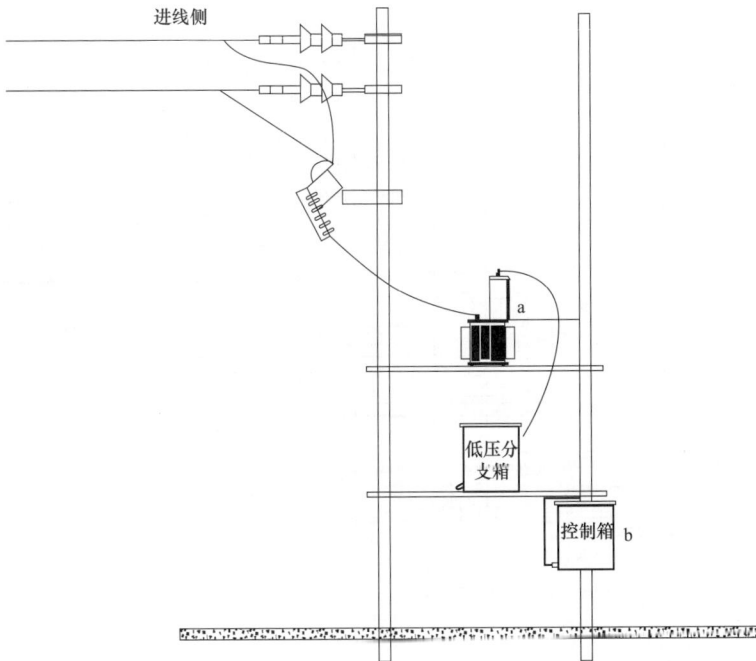

图 4-15　安装示意图

分体式低压费控装置一次接线图如图 4-16 所示。

分体式低压费控装置接线示意图如图 4-17 所示。

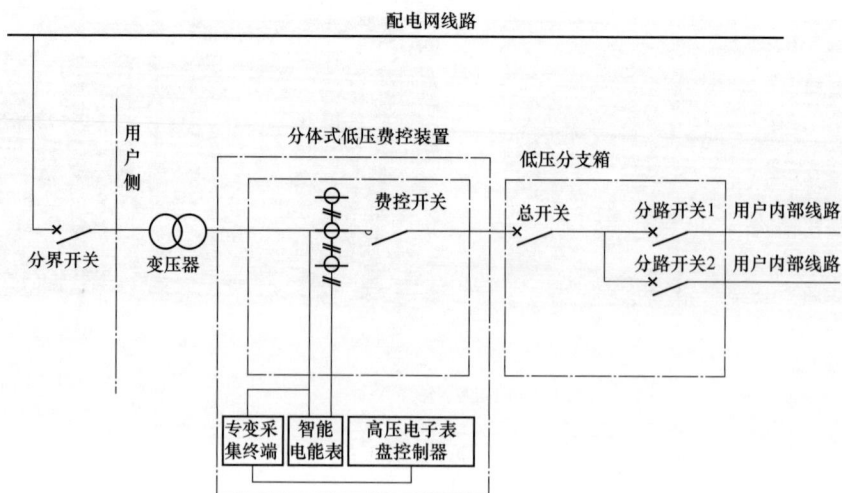

图 4-16　一次接线图

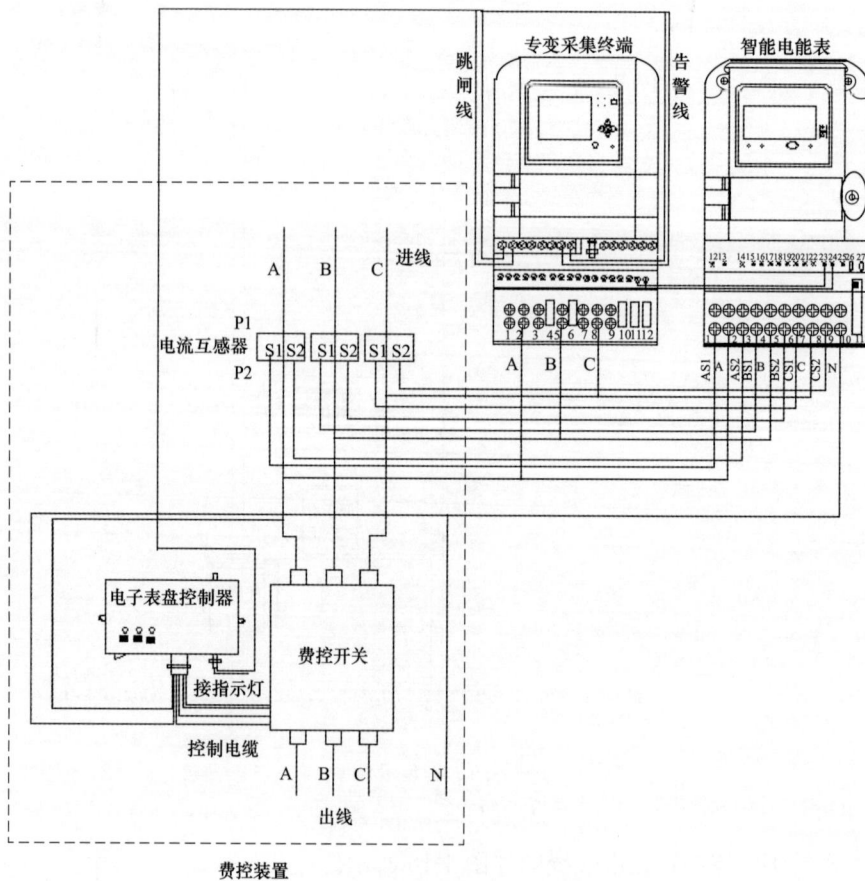

图 4-17　二次接线示意图

第二节　变压器容量80～315kVA户外安装用户

一、低压无功补偿费控装置

1. 装置简介

低压无功补偿费控装置是一种本着安全、经济、合理、可靠的原则而设计的新型户外配电低压无功补偿费控装置，适用于城网、农网改造、工矿企业、住宅小区等交流50Hz、额定电压380V的配电系统，具有电能分配、控制、保护、无功补偿、电能计量及费控等多功能新型户外综合配电箱，同时可根据用户要求加入漏电保护功能。产品具有结构新颖、合理、防护等级高、安装调试、维护及检修方便等优点。该装置符合GB 7251.1—1997、GB/T 15576—2008的要求，并通过了3C认证，是目前电网改造中理想的低压成套装置。该装置适用于0.4kV电压等级的电能分配、计量、费控、保护和无功功率自动补偿。

2. 装置结构

低压无功补偿费控装置在低压无功补偿配电箱的基础上增加了费控功能，由柜体、智能无功功率补偿控制器、电力电容器、永磁真空交流接触器、电子表盘控制器、多功能接线盒、智能电能表、分路断路器等组成。其外形如图4-18所示。

图 4-18　结构图

3. 主要功能

（1）具有费控功能，即电费余量告警、零电量跳闸等功能。

（2）具有无功补偿功能响应及时迅速，补偿效果好，工作可靠，具有自动运行与手动运行两种工作方式，可使电网功率因数达到0.95以上。

（3）具有分路断路器保护功能：过压、过载、欠压、欠流、短路等保护功能。

4. 运行条件

(1) 环境温度：−20～+50℃。

(2) 空气相对湿度：不大于 90%（相对环境温度为 20～25℃）。

(3) 海拔：不超过 2500m。

(4) 适用于变压器下端横担或悬挂安装，不适用于有火灾、爆炸危险、严重污秽、化学腐蚀及剧烈震动的地方。

(5) 安装位置：与地面垂直的倾斜度不超过 5°。

5. 技术参数

(1) 额定电压：380V。

(2) 额定频率：50Hz。

(3) 补偿方式：三相补偿和单相补偿相结合。

(4) 补偿容量：根据变压器容量按 30%～35% 补偿。

(5) 补偿方式：循环投切，编码投切，模糊控制自动投切。

(6) 控制物理量：无功功率或无功电流。

(7) 最快响应时间：不大于 20ms。

6. 安装调试

(1) 通电前的检查与实验。装置安装完毕后，投入运行前需进行如下项目的检查与实验。

1) 检查柜内是否干燥、清洁。

2) 电器元件的操作机构是否灵活，不应有卡涩或操作力过大现象。

3) 主要电器元件的通断是否可靠、准确，辅助接点的通断是否准确可靠。

4) 仪表指示与互感器的变比及极性是否正确。

5) 母线连接是否良好，其绝缘支撑件、安装件及附件是否牢固可靠。

(2) 通电调试。电子表盘控制器下端有红色船型开关，（O）为合闸、（一）为分闸。设备出厂时，费控开关为合闸状态，船型开关处于（O）位置。现场通电，柜门允许合闸指示灯（白色）、合闸指示灯（红色）亮，此时费控开关处于合闸状态。进行费控开关分合闸调试时，将船型开关按至（一）位置，费控开关跳闸，分闸灯（绿灯）亮；将般型开关按至（O）位置，柜门允许合闸指示灯（白灯）、分闸灯（绿灯）亮，此时按允许合闸按钮，费控开关恢复合闸状态，柜门允许合闸指示灯（白灯）、合闸指示灯（红灯）亮，完成现场分合闸调试。

7. 装置特点

低压无功补偿费控计量装置在完成常规电力计量的同时，还可以完成剩余电量告警、零电量跳闸等功能。系统根据用户的交费信息和定时采集的用户电能表数据，当电量等于告警限值时，告警指示灯亮并发送催费告警通知；当剩余电量等于或低于跳闸限值时，向专变采集终端发送跳闸控制命令，跳闸指示灯亮，专变采集终端通过开关控制器切断用户智能交费装置；用户缴费成功后，通过系统向专变采集终端发送允许合闸命令，允许合闸指示灯亮，由用户手动合闸，恢复用电。

低压无功补偿费控装置。包括计量控制单元、进线单元、馈线单元、无功补偿单元和配电智能终端，计量控制单元分别接在进线单元和馈线单元上，无功补偿单元连接在馈线单元的母线上。

计量控制单元包括电子表盘控制器、智能电能表和专变采集终端，专变采集终端通过导线分别与智能电能表和电子表盘控制器连接，电子表盘控制器通过导线与真空交流接触器连接。

进线单元包括进线开关和计量电流互感器，进线开关，采用自动跳合闸开关进线侧接有避雷器。馈线单元设有出线断路器，出线断路器位于负载和母线之间，馈线单元和无功补偿单元的母线上接有浪涌保护器。出线断路器采用塑壳断路器或带剩余电流动作保护断路器，可采用挂接布置。

无功补偿单元包括共补电容器组和分补电容器组，共补电容器组和分补电容器组并联连接。

共补电容器组和分补电容器组的投切元件应采用可控硅复合开关、电磁继电器式开关或其他无涌流投切开关。

二、常见设备选型

1. 方案一

在变压器出线侧加装 JP 柜式低压无功补偿费控装置，兼备无功补偿和费控功能，根据其安装方式不同，可分为杆架式安装和落地式安装两种。

JP 柜式低压无功补偿费控装置宜用于计量方式高供低计的用户，用于变压器后端使用，适用于高供低计、控总路的高压用户。JP 柜式低压无功补偿费控装置由低压电流互感器、低压永磁真空接触器、馈电单元、无功补偿单元、专变采集终端、智能电能表、电子表盘控制器及控制线缆等组成。

JP 柜式低压无功补偿费控装置参考图如图 4-19 所示。

JP 柜式低压无功补偿费控装置安装示意图如图 4-20 所示。

JP 柜式低压无功补偿费控装置一次接线图如图 4-21 所示。

JP 柜式低压无功补偿费控装置接线图如图 4-22 所示。

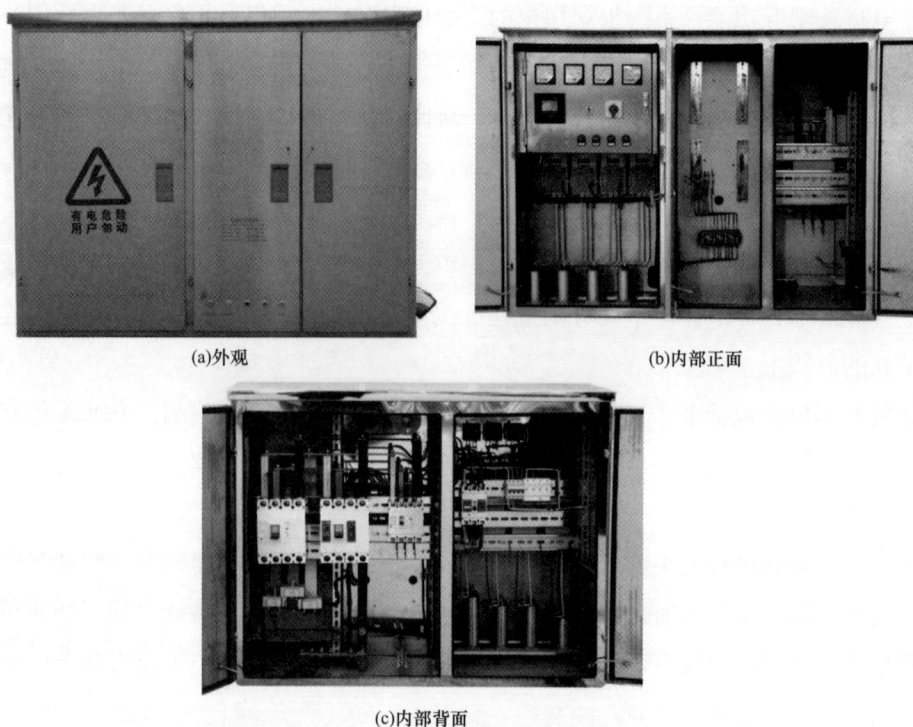

(a)外观 (b)内部正面

(c)内部背面

图 4-19 JP柜式低压无功补偿费控装置

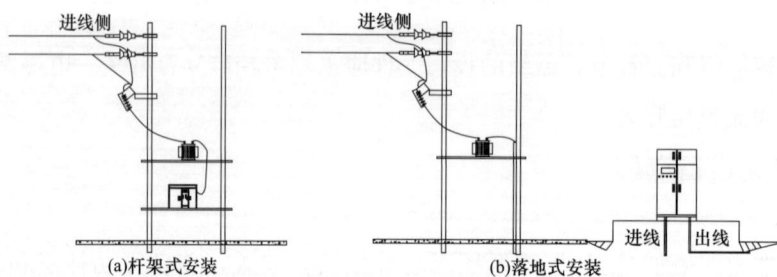

(a)杆架式安装 (b)落地式安装

图 4-20 安装示意图

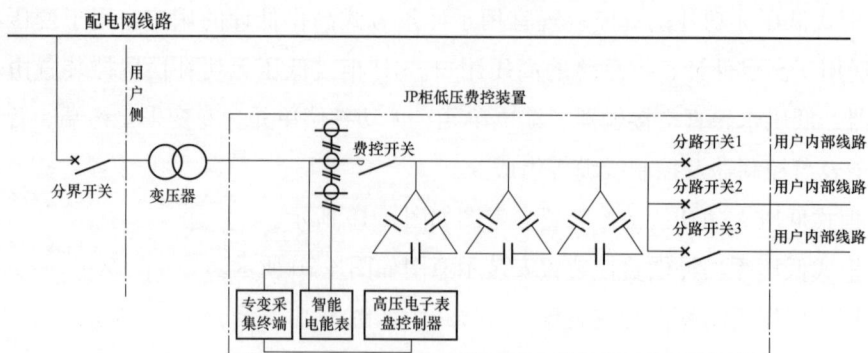

图 4-21 一次接线图

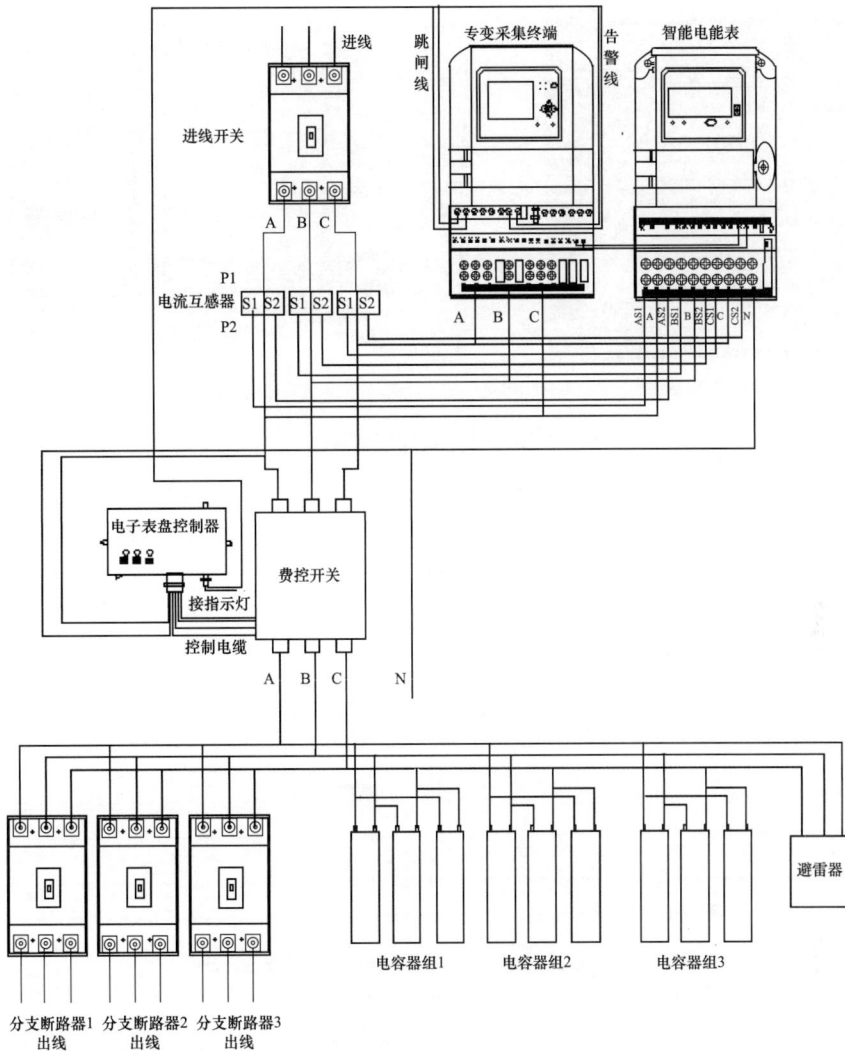

图 4-22　二次接线图

　　JP 柜式低压无功补偿费控装置的优点是：安装简单，省时、美观；节省一个开关；节省壳体材料；防窃电性能强。因此，推荐使用方案一。

　　2. 方案二

　　在变压器出线侧加装整体式低压费控装置，其出线端与 JP 柜相连。整体式低压费控装置由低压电流互感器、低压永磁真空接触器、专变采集终端、智能电能表、电子表盘控制器及控制线缆等组成。

　　整体式低压费控装置宜用于高供低计计量方式，应户外杆挂或墙壁固定安装，用于室外变压器后端。适用于高供低计、控总路的高压用户。整体式低压费控装置由低压永磁真空接触器、低压电流互感器、专变采集终端、智能电能表、电子表盘控制器及控制线缆等组成。

　　整体式低压费控装置参考图如图 4-23 所示。

(a)外观   (b)内部

图 4-23 整体式低压费控装置

整体式低压费控装置安装示意图如图 4-24 所示。

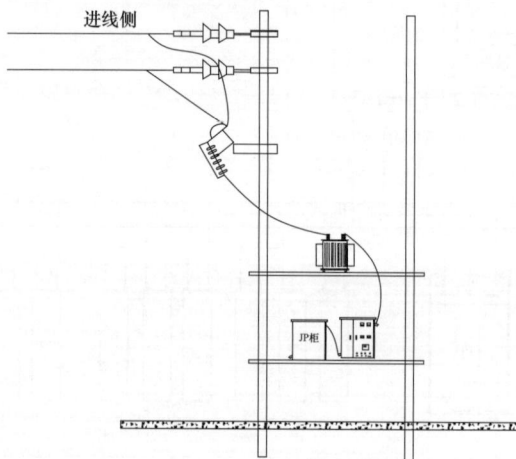

图 4-24 安装示意图

整体式低压费控装置一次接线图如图 4-25 所示。

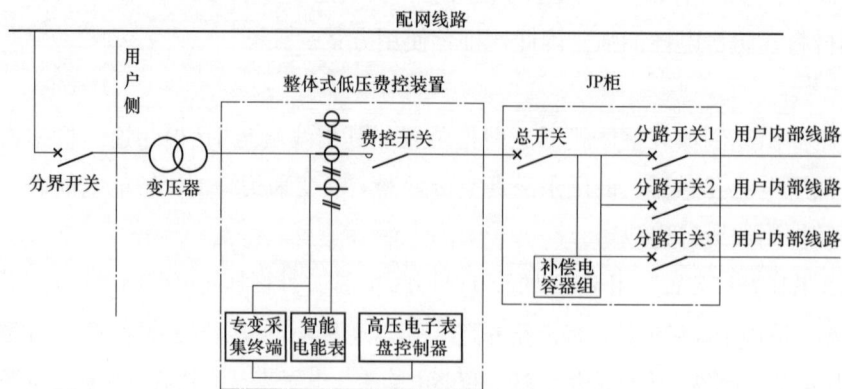

图 4-25 一次接线图

整体式低压费控装置二次接线示意图如图 4-26 所示。

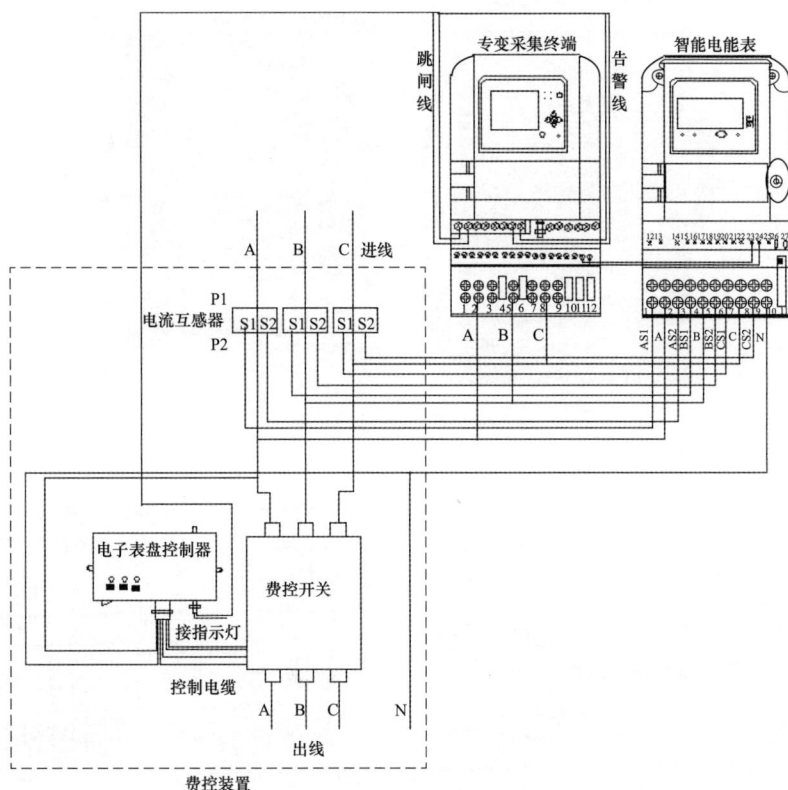

图 4-26　二次接线示意图

3. 方案三

在变压器出线侧加装分体式低压费控装置，后与 JP 柜相连接，分体式低压费控装置宜用于高供低计计量方式，产品如图 4-27 所示，其可分开关箱与计量控制箱两部分，开关箱安装在变压器出线绝缘子上，通过电缆与计量控制箱相连，完成费控功能。开关箱由低压电流互感器、低压永磁真空接触器、绝缘子、壳体等组成，计量控制箱由电能表、专变采集终端、电子表盘控制器、壳体等组成。

分体式低压费控装置安装示意图如图 4-28 所示。

分体式低压费控装置一次接线图如图 4-29 所示。

分体式低压费控装置二次接线图如图 4-30 所示。

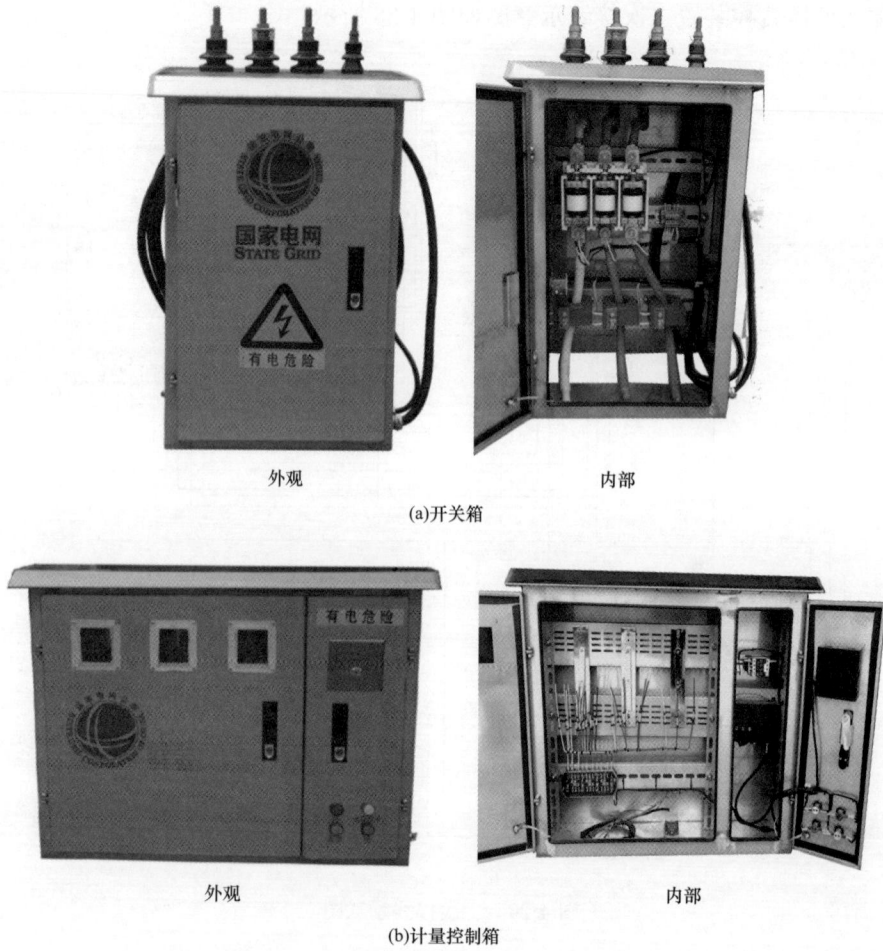

外观 内部

(a)开关箱

外观 内部

(b)计量控制箱

图 4-27 分体式低压费控装置

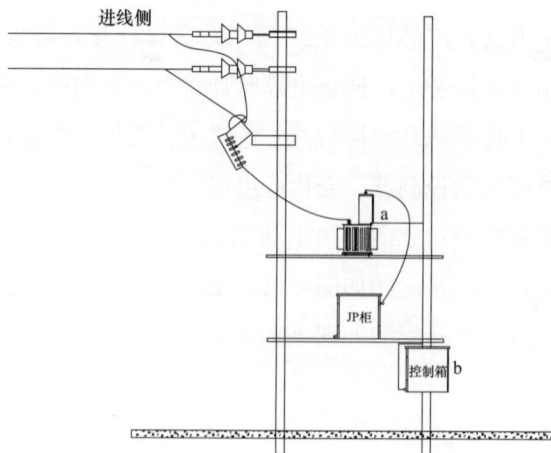

图 4-28 安装示意图

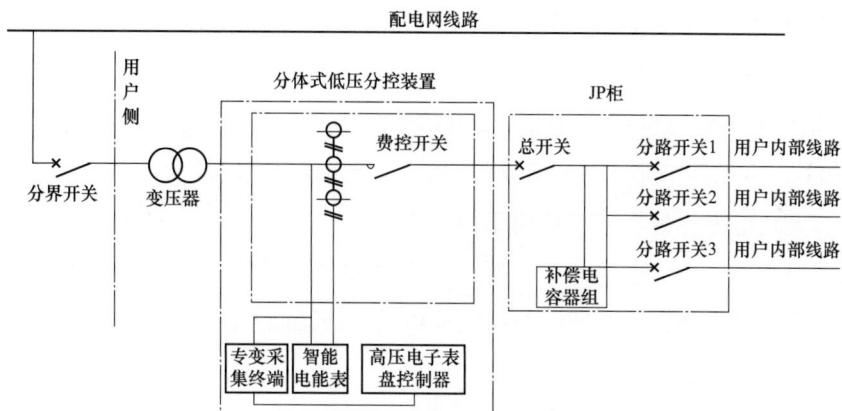

图 4-29 一次接线图

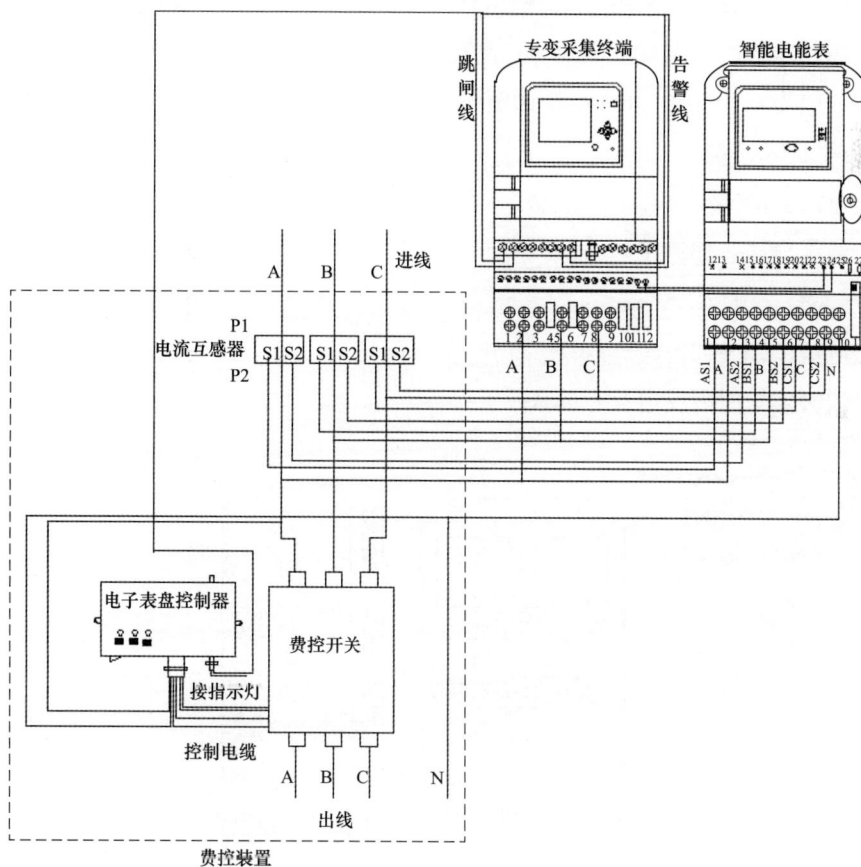

图 4-30 二次接线图

第三节 变压器容量 315kVA 及以下户内安装用户

用户可根据其实际情况选择安装 GGD 柜型低压费控装置或 MNS 柜型低压费控装置。

一、GGD 柜型低压费控装置

1. 装置简介

GGD 柜型低压费控装置是为箱式变电站用户专门设计的高供低计费控装置，适用于交流 50Hz，主回路额定工作电压为 0.4kV，额定电流 500A 以下的电力网络中，可用于有功、无功电力计量，特别适用于中、小型容量场所。GGD 柜型低压费控装置安装在变压器出线侧，完成电费计量及低电费告警和欠费跳闸的功能。GGD 柜型低压费控装置可分为不含无功补偿的低压费控装置和无功补偿低压费控装置，用户可根据其箱式变电站配置情况，灵活选择。

2. 结构及工作原理

该低压费控装置外壳采用 GGD 柜型，其内部由永磁真空断路器、低压电流互感器、电子表盘控制器等通过铜排及铜线与控制室连接，完成计费及控制的功能。低压电流互感器精度一般为 0.5S 级。外观结构如图 4-31 所示。

3. 主要技术参数

额定电压：380V；

额定绝缘电压：660V；

额定频率：50Hz；

额定电流：15～630A；

主母线额定短时耐受电流：6kA。

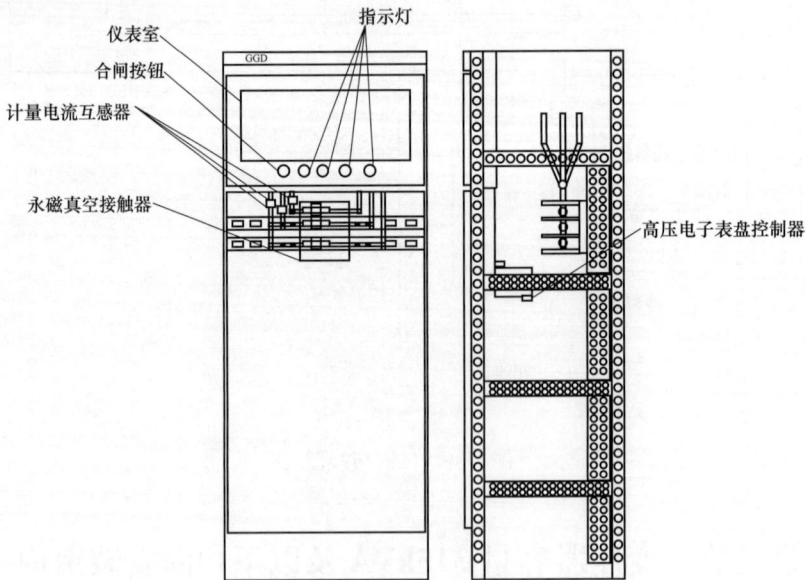

(a) 不含无功补偿的GGD柜型低压费控装置

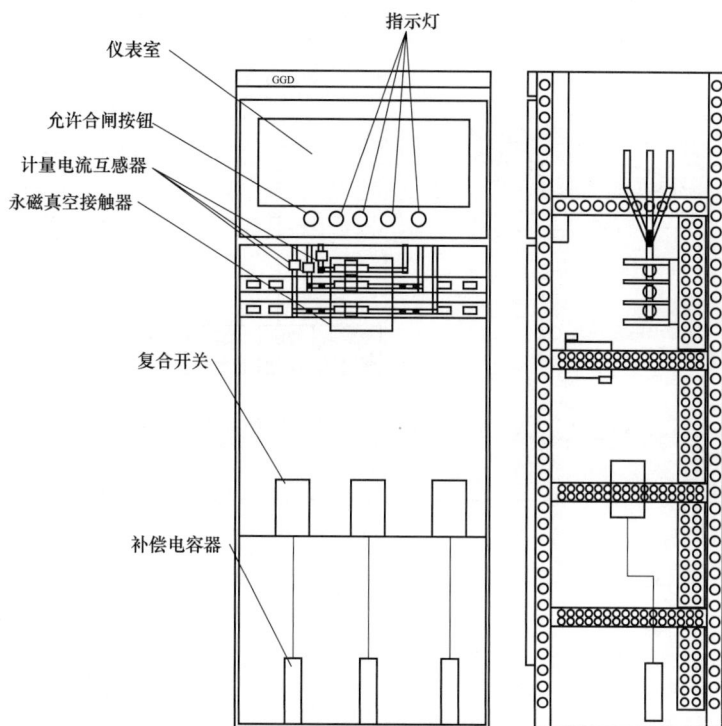

指示灯

仪表室

允许合闸按钮

计量电流互感器

永磁真空接触器

复合开关

补偿电容器

(b) 含无功补偿的GGD柜型低压费控装置

图 4-31　GGD 柜型低压费控装置

4. 功能说明

GGD 柜型费控计量装置在完成常规电力计量的同时，还可以完成剩余电量告警、零电量跳闸等功能。系统根据用户的交费信息和定时采集的用户智能电能表数据，当电量等于告警限值时，告警指示灯亮并发送催费告警通知；当剩余电量等于或低于跳闸限值时，向专变采集终端发送跳闸控制命令，跳闸指示灯亮，专变采集终端通过开关控制器切断用户智能交费装置；用户交费成功后，通过系统向专变采集终端发送允许合闸命令，允许合闸指示灯亮，由用户自行手动合闸。其一次原理图如图 4-32 所示。

5. 控制回路功能

（1）自检功能。电子表盘控制器根据手动合分按钮，测试费控装置开关是否拒动；通过电子表盘控制器上指示灯与费控装置控制箱（室）门板上的指示灯进行对比判断费控装置开关是否误动。

（2）保护功能。采集器或多功能电能表触头不被烧坏。

（3）强化功能。跳合开关的电流 10A 内可控。

6. 安装示意图

GGD 柜型低压费控装置安装示意图如图 4-33 所示。

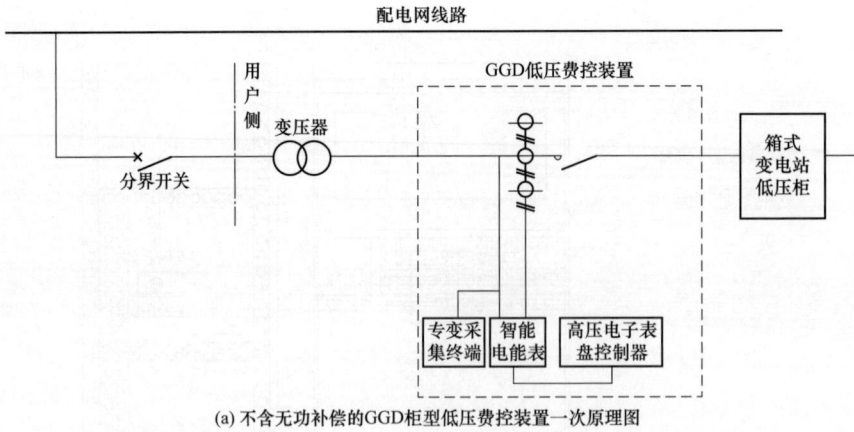

(a) 不含无功补偿的GGD柜型低压费控装置一次原理图

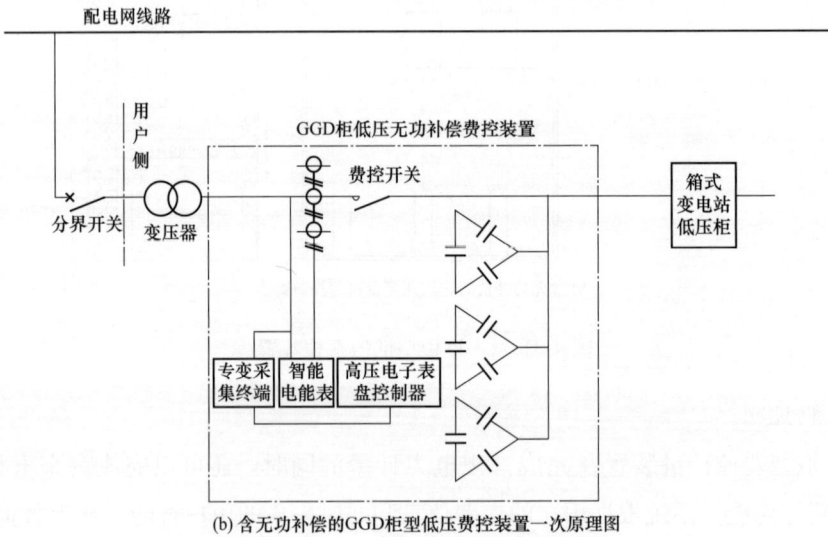

(b) 含无功补偿的GGD柜型低压费控装置一次原理图

图 4-32　一次原理示意图

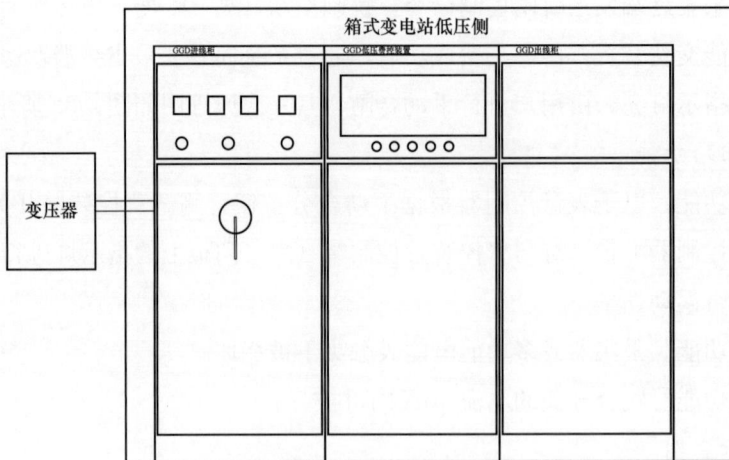

图 4-33　安装示意图

二、常见设备选型

1. 户内 GGD 柜型低压费控装置

GGD 柜型低压费控装置由低压电流互感器、低压永磁真空接触器、专变采集终端、智能电能表、电子表盘控制器、控制电缆等组成。GGD 柜型无功补偿低压费控装置由低压电流互感器、低压真空断路器、馈电单元、无功补偿单元、专变采集终端、智能电能表、电子表盘控制器及控制线缆等组成。

GGD 柜型低压费控装置参考图如图 4-34 所示。

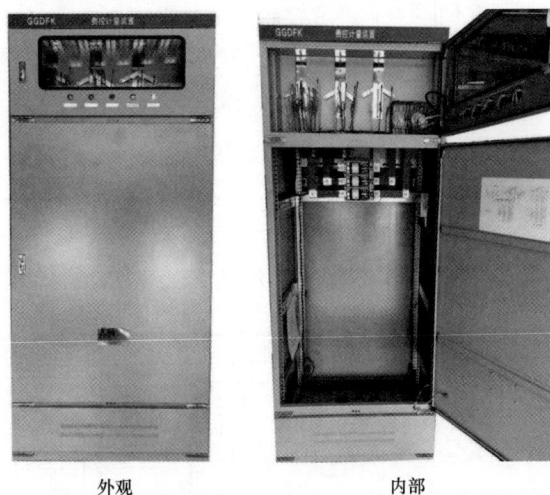

外观　　　　　　　内部

图 4-34　GGD 柜型低压费控装置

GGD 柜型低压费控装置一次接线图如图 4-35 所示。

GGD 柜型低压费控装置接线示意图如图 4-36 所示。

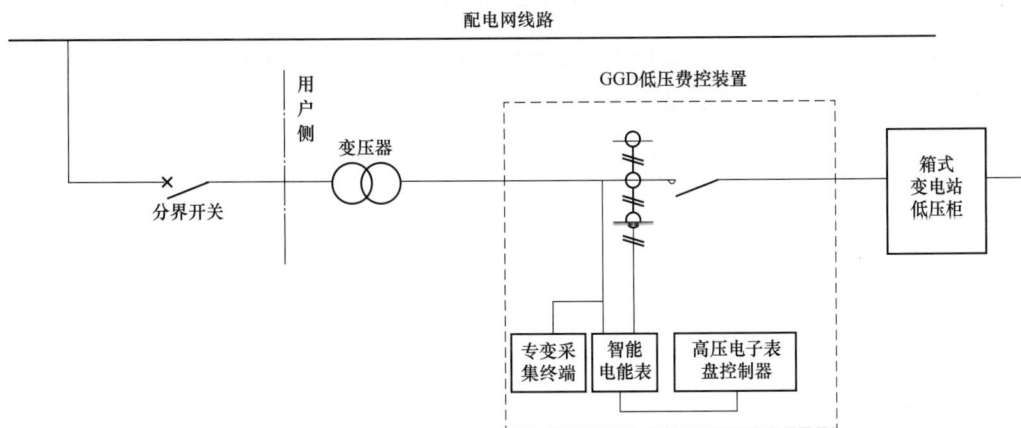

(a) 不含无功补偿的 GGD 柜型低压费控装置

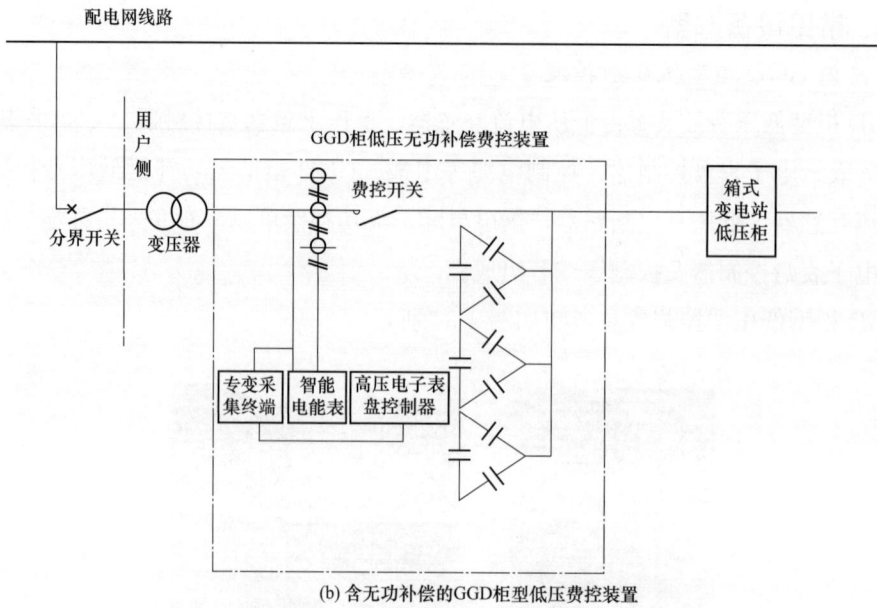

(b) 含无功补偿的GGD柜型低压费控装置

图 4-35 GGD柜型无功补偿低压费控装置

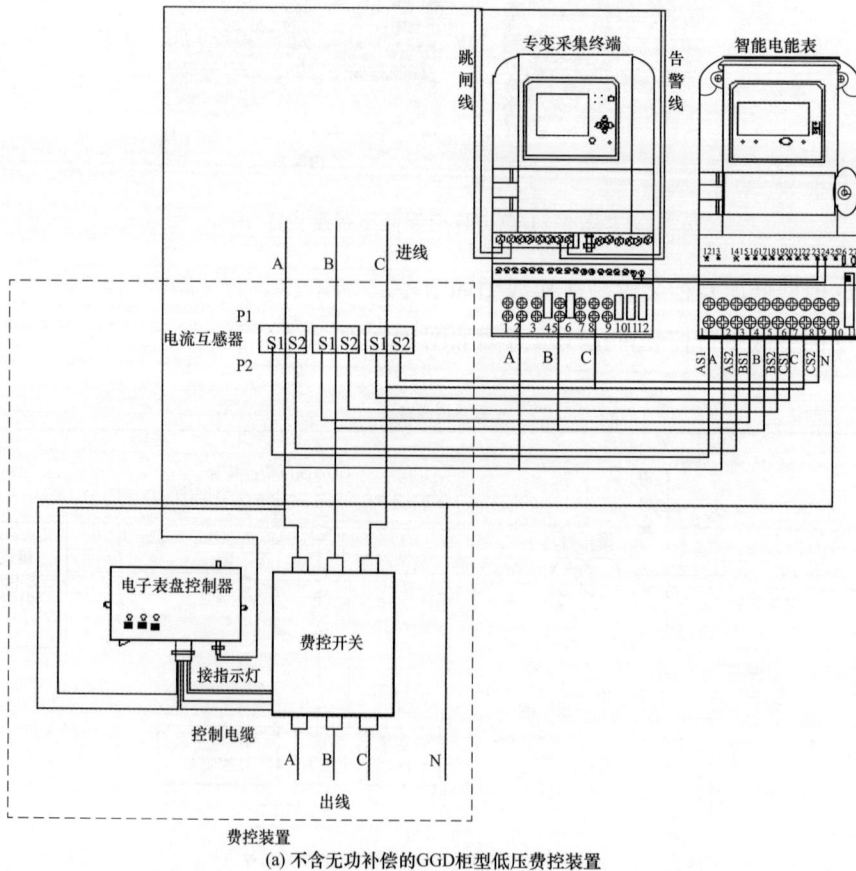

(a) 不含无功补偿的GGD柜型低压费控装置

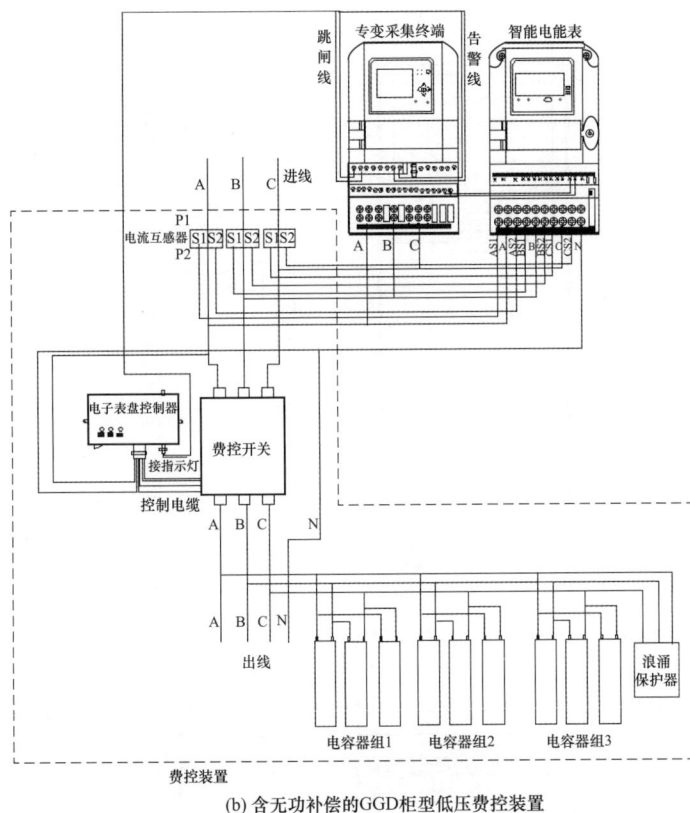

(b) 含无功补偿的GGD柜型低压费控装置

图 4-36　GGD 柜型低压费控装置接线示意图

2. 户内 MNS 柜型低压费控装置

MNS 柜型低压费控装置是为配电室专门设计的高供低计费控装置，其安装在变压器出线侧，完成电费计量及低电费告警和欠费跳闸的功能。MNS 柜型低压费控装置可分为不含无功补偿的低压费控装置和无功补偿低压费控装置，用户可根据其配电室配置，灵活选择。MNS 柜型不含无功补偿的低压费控装置由低压电流互感器、低压永磁真空接触器、进出线母排、智能电能表、专变采集终端、电子表盘控制器、控制电缆等组成。无功补偿低压费控装置由低压电流互感器、低压永磁真空接触器、馈电单元、无功补偿单元、专变采集终端和智能电能表、电子表盘控制器及控制线缆等组成。

MNS 柜型低压费控装置参考图如图 4-37 所示。

MNS 柜型低压费控装置的安装示意图如图 4-38 所示。

MNS 柜型低压费控装置一次接线图如图 4-39 所示。

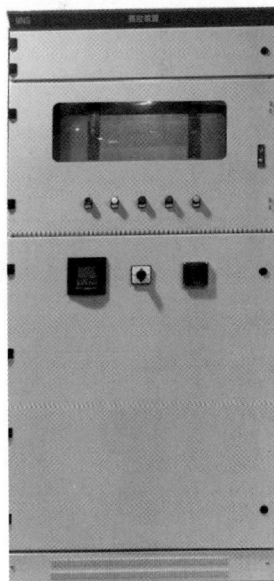

图 4-37　MNS 柜型无功补偿
低压费控装置

指示灯

仪表室
允许合闸按钮
计量电流互感器
永磁真空接触器

高压电子表盘控制器

(a) 不含无功补偿的MNS柜型低压费控装置

指示灯

仪表室
允许合闸按钮
计量电流互感器
永磁真空接触器

高压电子表盘控制器

复合开关

补偿电容器

(b) 含无功补偿的MNS柜型低压费控装置

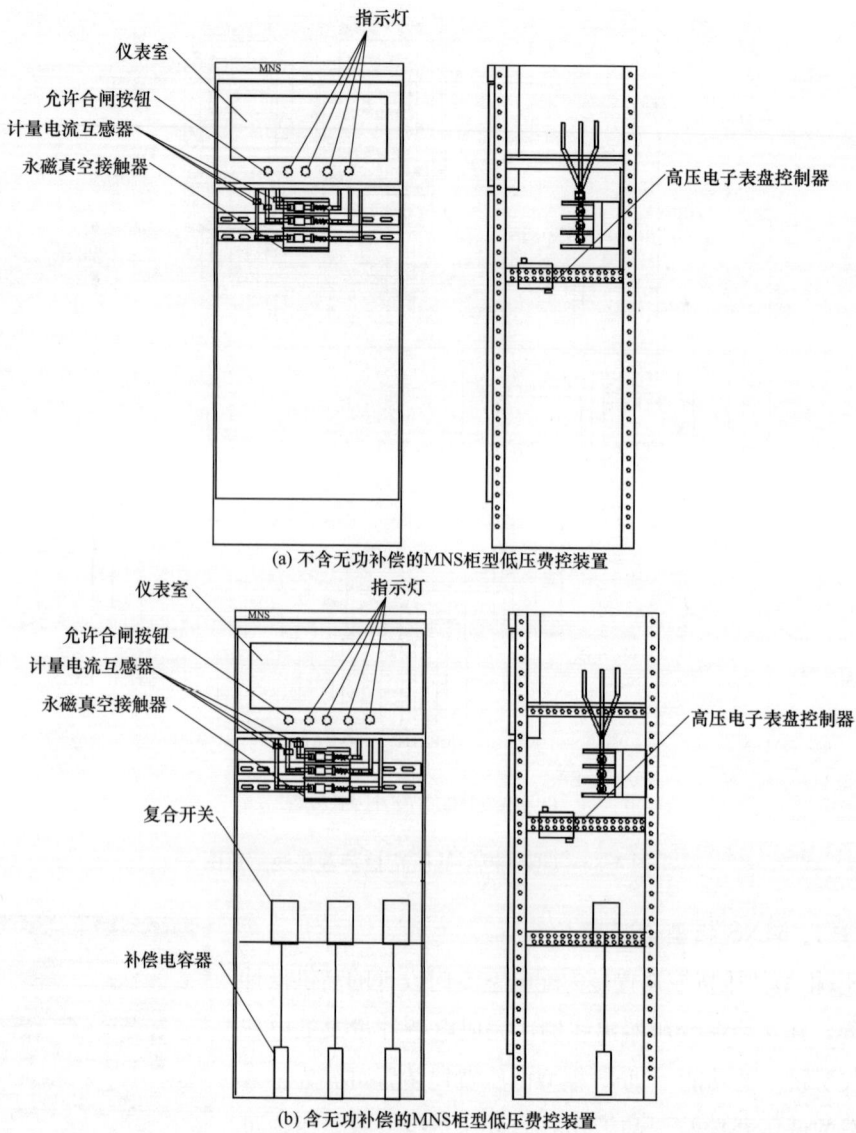

图 4-38　MNS柜型低压费控装置安装示意图

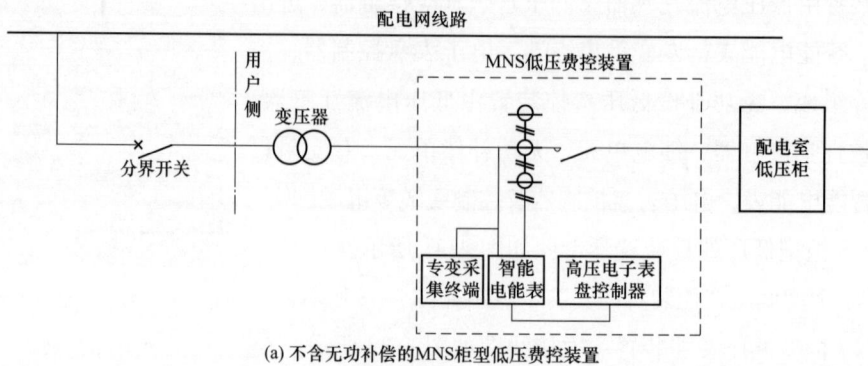

配电网线路

用户侧

MNS低压费控装置

变压器

分界开关

配电室低压柜

专变采集终端　智能电能表　高压电子表盘控制器

(a) 不含无功补偿的MNS柜型低压费控装置

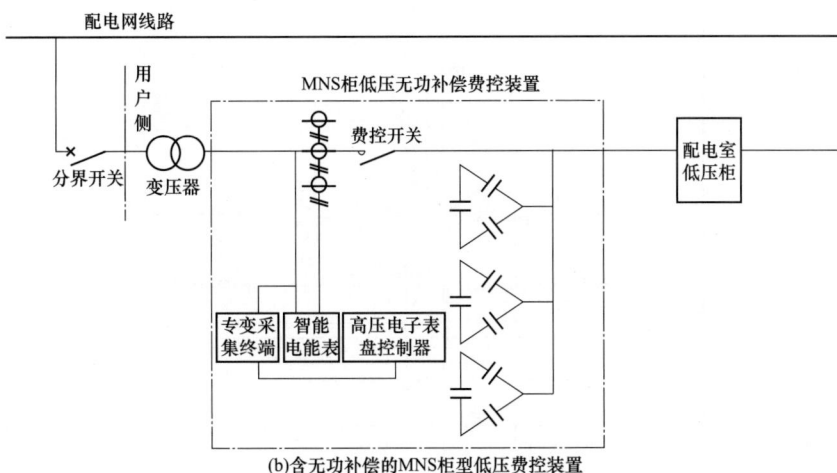

(b)含无功补偿的MNS柜型低压费控装置

图 4-39　MNS 柜型低压费控装置一次接线图

MNS 柜型低压费控装置接线示意图如图 4-40 所示。

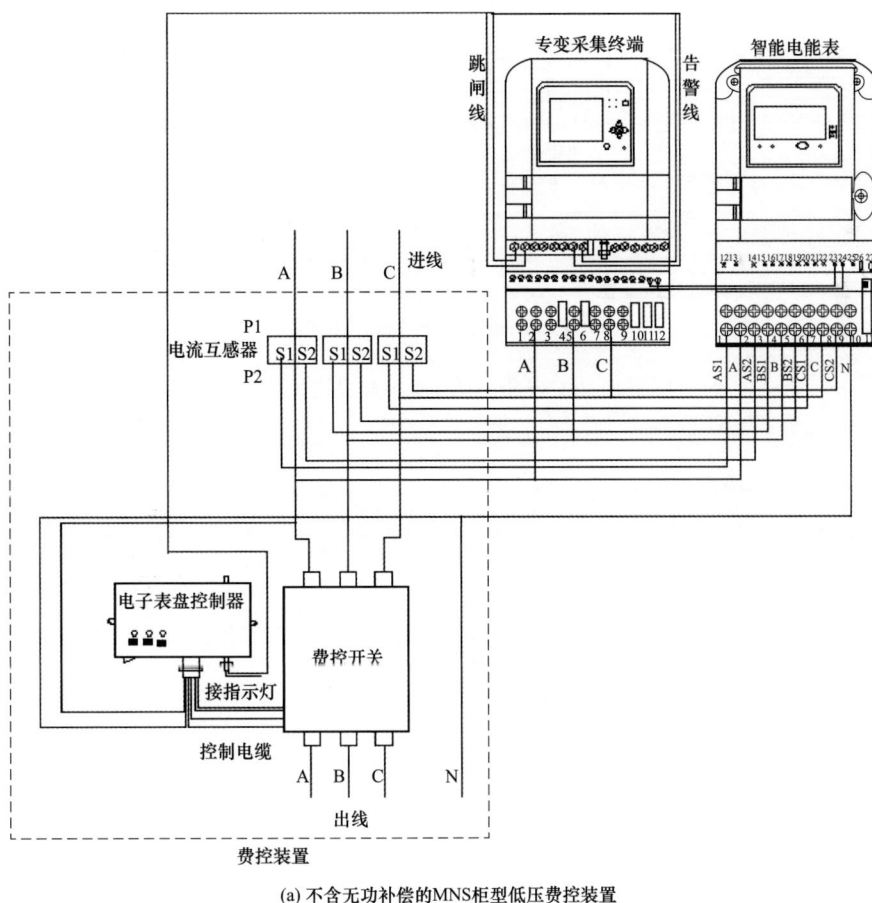

(a) 不含无功补偿的MNS柜型低压费控装置

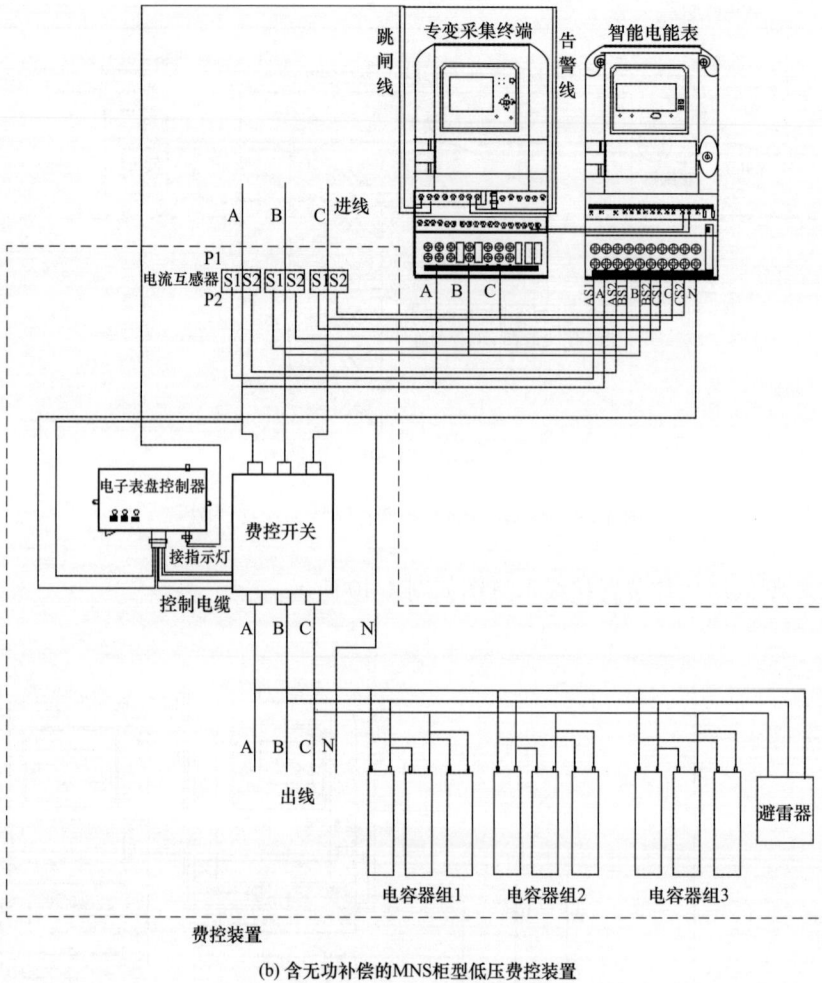

(b) 含无功补偿的MNS柜型低压费控装置

图 4-40　MNS 柜型低压费控装置接线示意图

第五章　10kV高供高计高压用户费控装置

第一节　户外杆装式高压费控装置

一、JLSZVK-10型高压费控装置

1. 装置构成

本装置由高压费控计量箱和仪表控制箱两部分组成。高压费控计量箱为金属全封闭箱体，箱内装有一台高压真空断路器（控制高压电路的通断）、组计量电压互感器和一组计量电流互感器（为计量仪表提供计量信号）、控制电源取自独立电压互感器。计量电压互感器采用 V/V 接线方式；电流互感器的一次分别串联接入高压线的 A 相和 C 相；电压、电流互感器的二次输出适应于三相三线、相电压为 3×100V。

仪表控制箱具备计量和控制功能。

2. 工作原理

本装置由计量单元、计量互感器、独立电压互感器、电子表盘控制器及高压真空断路器组成，原理如图 5-1 所示。

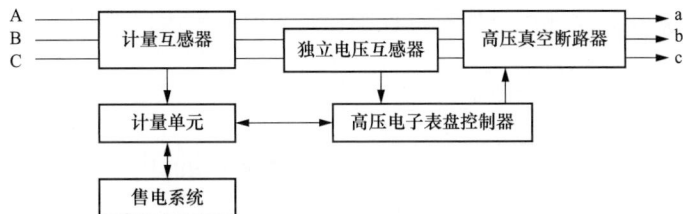

图 5-1　工作原理方框图

计量互感器的作用：为计量单元提供计量信号和电源。

独立电压互感器的作用：为电子表盘控制器提供 220V 交流电源。

计量单元的作用：一是接受售电系统的指令；二是接收计量互感器提供的用户用电量；三是将用户购电量与实际用电量的比较，进行判断及时给电子表盘控制器发出合闸、报警或分闸命令。

电子表盘控制器：是接受计量单元的指令实现报警、合闸、分闸命令及状态显示。

高压真空断路器：是接受电子表盘控制器的合闸、分闸命令后实现高压电路的通断。

售电系统：系统根据用户的交费信息和定时采集的用户智能电能表数据，当电量等于告警限值时，告警指示灯亮并发送催费告警通知；当剩余电量等于或低于跳闸限值时，向专变采集终端发送跳闸控制命令，跳闸指示灯亮，专变采集终端通过开关控制器切断用户智能交费装置；用户交费成功后，通过系统向专变采集终端发送允许合闸命令，允许合闸指示灯亮，由用户自行手动合闸。

3. 技术数据

(1) 额定电压：10kV；

(2) 额定频率：50Hz；

(3) 额定绝缘水平：12/42/75kV；

(4) 接线方式：电流互感器串联在线路中，电压互感器采用 V/v 接线。

4. 互感器部分技术参数

(1) 计量额定电压比：10/0.1kV；

(2) 计量电压互感器准确级次及输出：0.2/15VA；

(3) 电流比：5～400/5A；

(4) 电流互感器准确级次及输出：0.2S/10VA；

(5) 控制额定电压比：10/0.22kV；

(6) 控制电压互感器准确级次及输出：3/300VA。

5. 功能说明

(1) 高压费控装置在完成常规电力计量的同时，还可以完成剩余电量报警、零电量跳闸等。

(2) 剩余电量报警：在用户用电过程中，当表内电量达到预先设计的剩余报警电量时，表箱外的报警灯将被点亮。

(3) 零电量跳闸：当剩余电量等于或低于跳闸限值时，向专变采集终端发送跳闸控制命令，跳闸指示灯亮，专变采集终端通过开关控制器切断用户智能交费装置。

(4) 恢复供电：用户缴费成功后，通过用电信息采集系统向专变采集终端发送允许合闸命令，允许合闸指示灯亮，由用户自动手动合闸，恢复用电。

6. 安装接线

(1) 此费控装置适用于高供高计、户外杆架式的高压用户。由计量互感器、独立电压互感器、断路器、仪表控制箱（专变采集终端和智能电能表等）及电缆组成。安装时需水平放置并固定牢靠。推荐使用双杆安装会更科学、更合理、更安全。

(2) 一次接线图。

此费控装置一次接线图如图 5-2 所示。

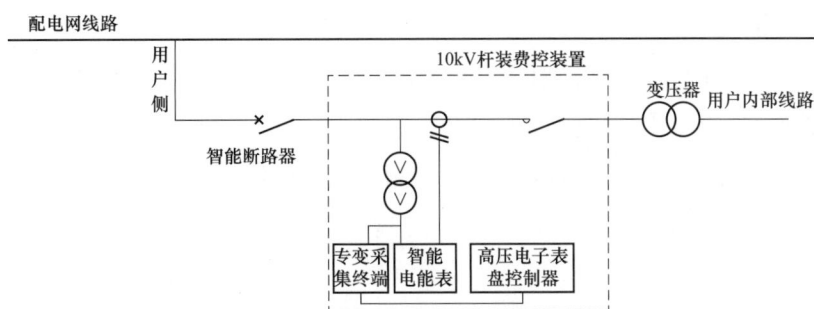

图 5-2　一次接线图

（3）安装示意图。

此费控装置安装示意图如图 5-3 所示。

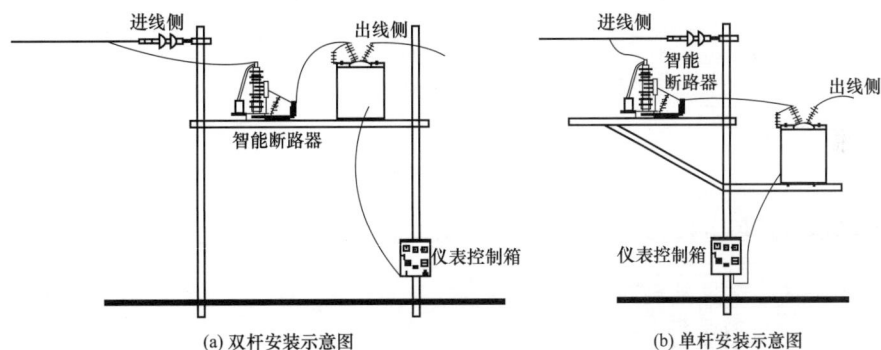

(a) 双杆安装示意图　　　　　　(b) 单杆安装示意图

图 5-3　安装示意图

（4）实物安装图。

安装实物图如图 5-4 所示。

图 5-4　实物安装图

（5）原理接线图。

一次进线端为 P1，出线端为 P2。从高压费控计量箱上引出两束二次接线，其中一束为计量端子束：即二次出线电压端子 A、B、C，电流端子 AS1、AS2、CS1、CS2；另外一束为控制端子束：u、n 为电子表盘控制器的 220V 控制电源，其余为高压开关的控制线，如图 5-5 所示。

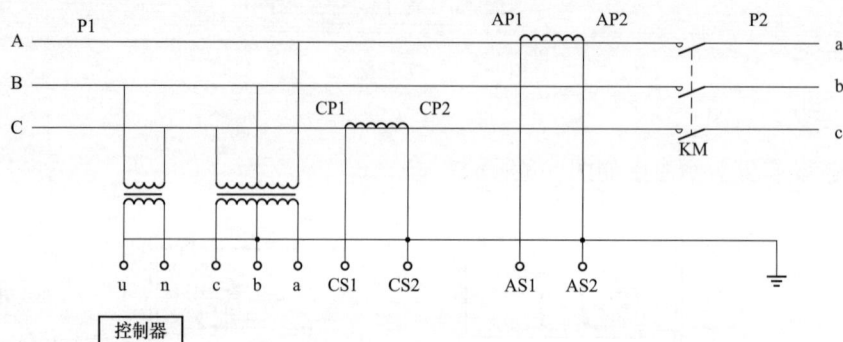

图 5-5　原理接线图

（6）高压费控装置接线示意图如图 5-6 所示。

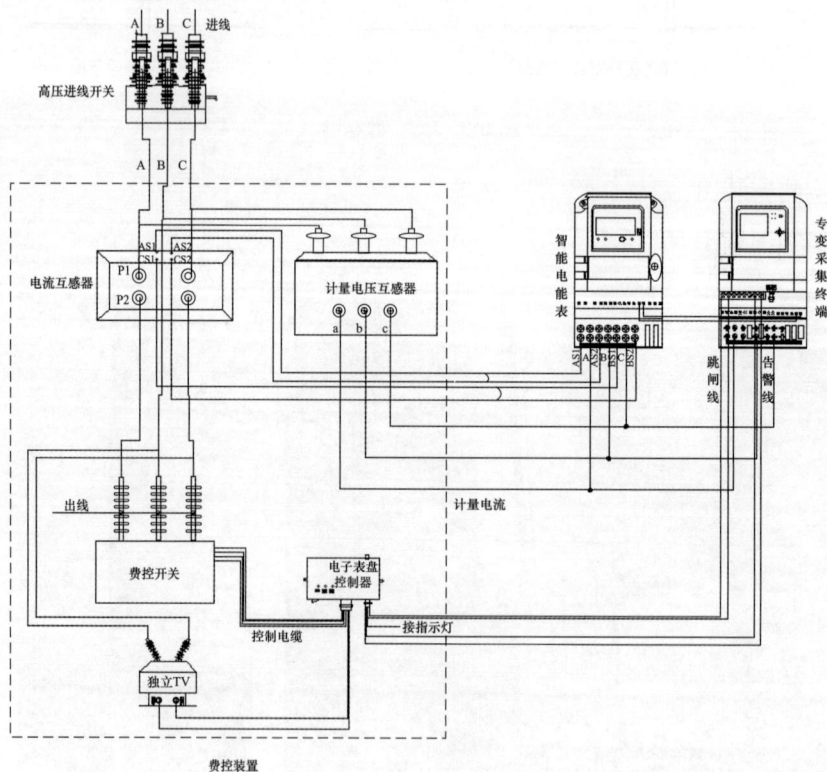

图 5-6　接线示意图

（7）现场仅需要将计量端子和仪表控制箱内专用计量接线盒上的同线号端子连接、控制端子束和仪表控制箱内电子表盘控制器航空插头连接即可。

（8）本装置电流互感器电流比可选用单变比或多变比，装置计量线出厂时为单变比，若用户变压器容量发生变更，且装置具备用户所需电流比时，由生产厂家重新接线，经电力部门校验合格后方可使用。

（9）费控装置前端须安装智能断路器。

（10）费控装置须加装避雷器。

（11）费控装置二次必须可靠接地（达到接地参数）。

（12）对于易产生谐振的企业，若选用 V/V 接线的费控装置，应在厂区内加装成套消谐装置。

（13）对于容易发生污闪的企业，费控装置应安装在距离污染源 1～2km 的地方。

（14）费控装置原则建议采用不锈钢全封闭壳体，箱内包含计量、开关部分，仪表控制箱有用户合闸开关。

（15）仪表控制箱侧指示灯均显示开关的真实工作状态。

（16）仪表控制箱材质的选择应因地制宜（SMC、铁皮喷塑、不锈钢等），延长其使用寿命。

（17）费控开关不应具备保护功能，建议优先选用无触点开关。

（18）费控装置宜选用电子表盘控制器。

（19）确认费控装置实际通过电流应该在互感器额定电流的 120% 以内，过负荷可能影响装置的正常运行，同时也会有较大的计量负偏差，互感器电流比与变压器容量须匹配。

(a) 双电能表

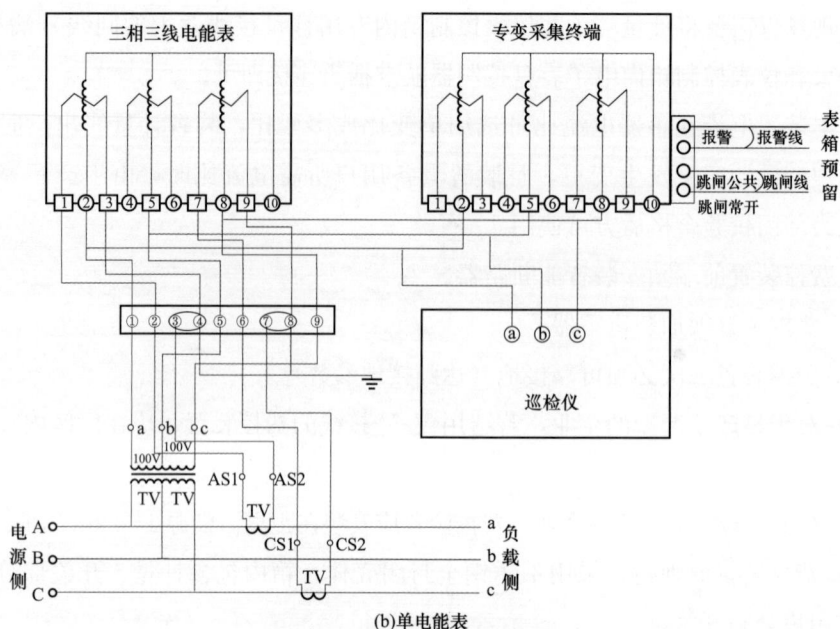

图 5-7　电能表接线示意图

（20）装置开关在前级线路跳闸时具有状态闭锁功能。

（21）现场接线时，按照费控装置接线图连接计量和控制线路，其他开关和各连接线路请勿随意调整，以免造成装置不能正确动作或损坏。

（22）仪表控制箱正常投入运行后，应将表箱全部铅封。

二、常见设备选型方案

1. 方案一（推荐方案）

在 T 接点安装智能断路器，其后端安装费控装置，费控开关不具备保护功能，使用无触点型高压永磁计量专用真空断路器更佳，弥补了触点开关复合时有火花的缺陷，避免因电流过大出现火花或在电路中击穿空气，而造成误动作。推荐此安装方案，配合双杆安装会使本方案更科学、更合理、更安全。本方案相较于其他方案，防窃电性能更优越。

杆装式高压费控装置适用于户外且具备杆架安装条件、高供高计、控总路的高压用户。如图 5-8 所示，其由费控装置计量箱和费控装置控制箱两部分组成，费控装置计量箱部分由计量电压互感器、计量电流互感器、独立电压互感器、永磁真空断路器、绝缘杆、壳体等组成，费控装置控制箱部分由专变采集终端、智能电能表、回路巡检仪、电子表盘控制器、壳体等组成，费控装置计量箱和控制箱通过计量线缆及控制线缆连接，控制电源取自独立电压互感器。

JLSZVK-10 型杆装式高压费控装置参考图如图 5-8 所示。

杆装费控装置安装示意图如图 5-9 所示。

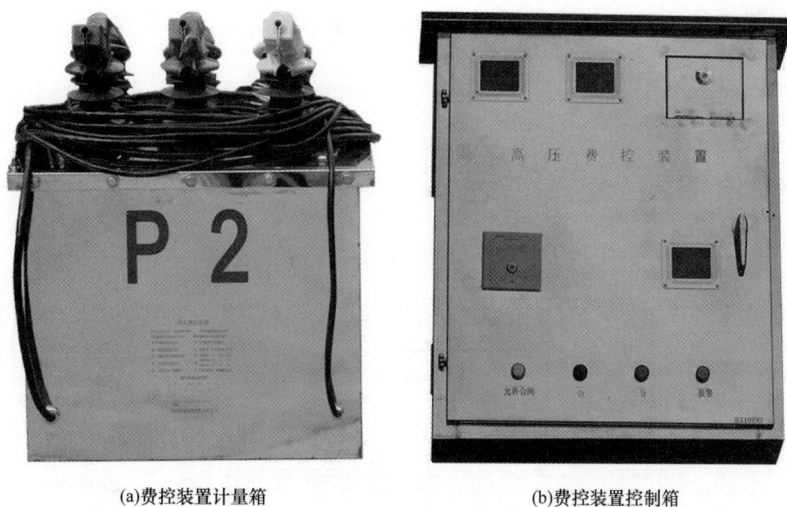

(a)费控装置计量箱　　　　　　　　(b)费控装置控制箱

图 5-8　JLSZVK-10 型杆装式高压费控装置

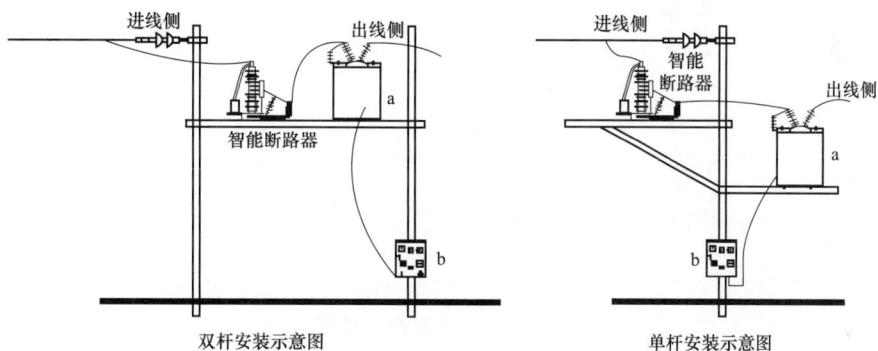

双杆安装示意图　　　　　　　　　单杆安装示意图

图 5-9　安装示意图

杆装费控装置安装一次接线图如图 5-10 所示。

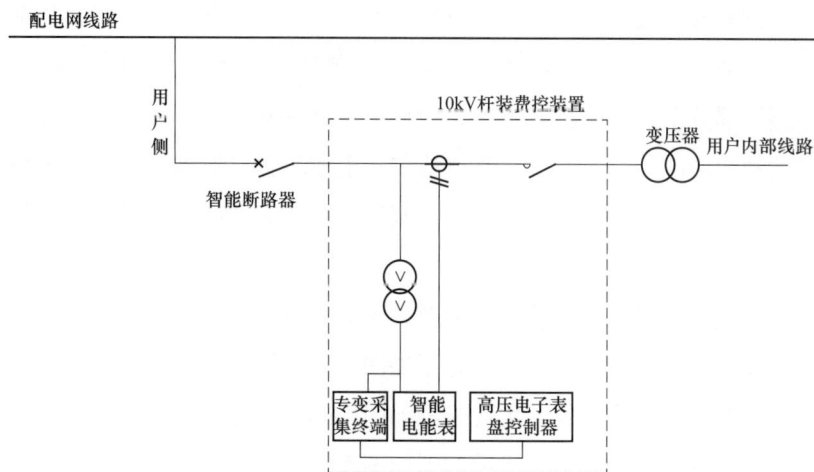

图 5-10　一次接线图

57

10kV 杆装费控装置接线示意图如图 5-11 所示。

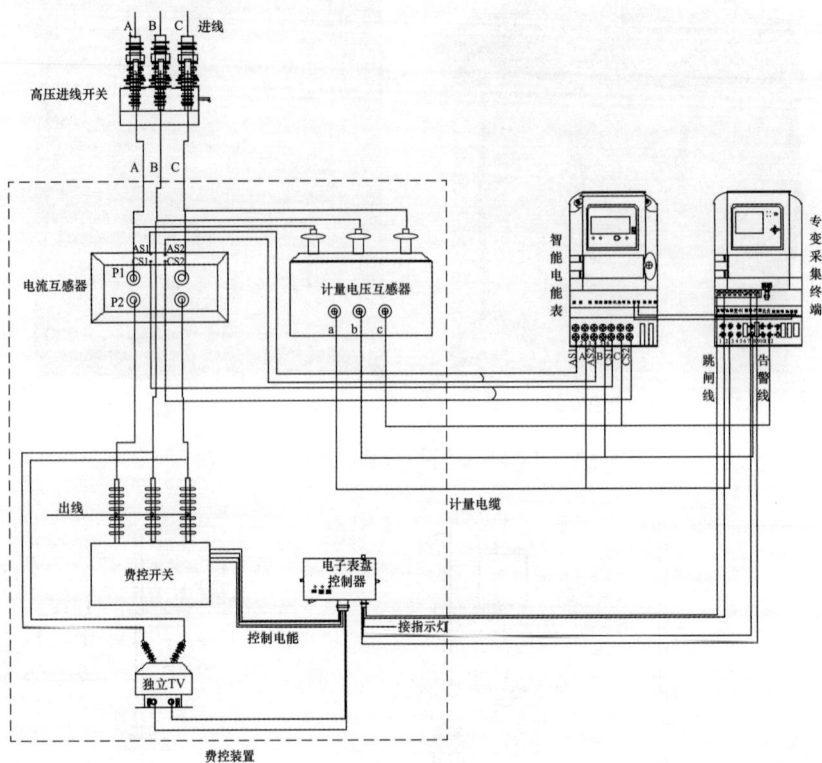

图 5-11 二次接线示意图

2. 方案二

在 T 接点安装智能断路器，其后安装分体式高压费控装置，即壳式组合互感器＋费控开关。该方案安装较为复杂，防窃电性能差，户外费控开关易生锈，长期运行容易造成开关拒动。如图 5-12 所示，其由壳式组合互感器、控制箱、费控开关三部分组成。壳式组合互感器部分由计量电压互感器、计量电流互感器、壳体等组成；控制箱部分由专变采集终端和智能电能表、二次回路巡检仪、电子表盘控制器、壳体等组成；费控开关不具备带保护功能。壳式组合互感器、控制箱、费控开关通过计量线缆及控制线缆连接，完成费控功能。

壳式组合互感器＋费控开关装置参考图如图 5-12 所示。

壳式组合互感器＋费控开关安装示意图如图 5-13 所示。

壳式组合互感器＋费控开关一次接线图如图 5-14 所示。

壳式组合互感器＋费控开关接线示意图如图 5-15 所示。

(a) 壳式组合互感器

(b) 控制箱

(c) 费控开关

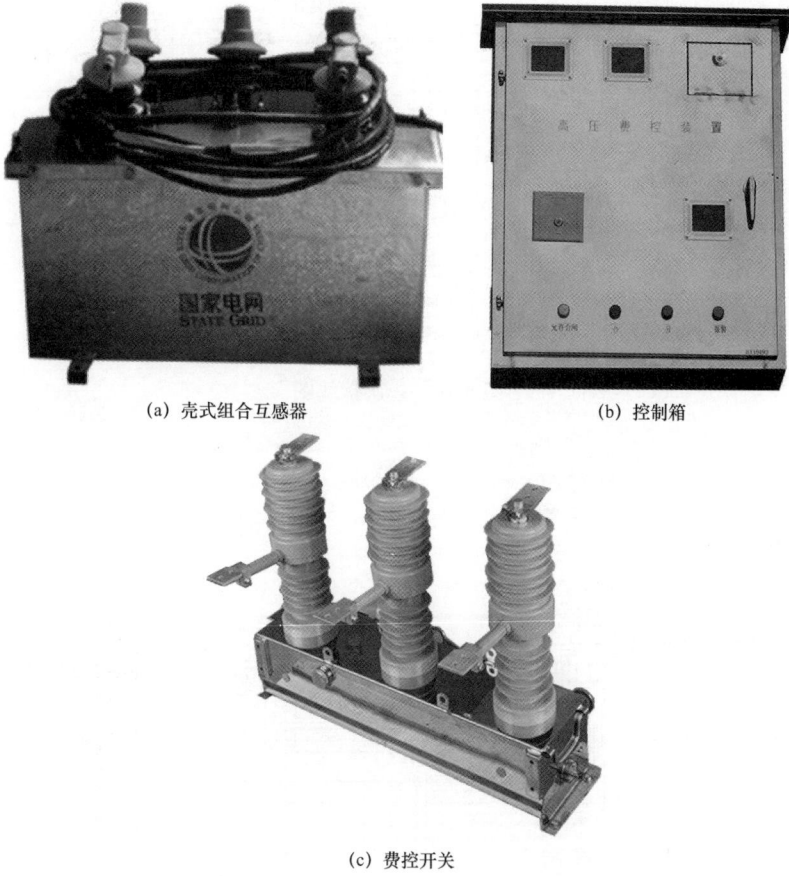

图 5-12 装置参考图

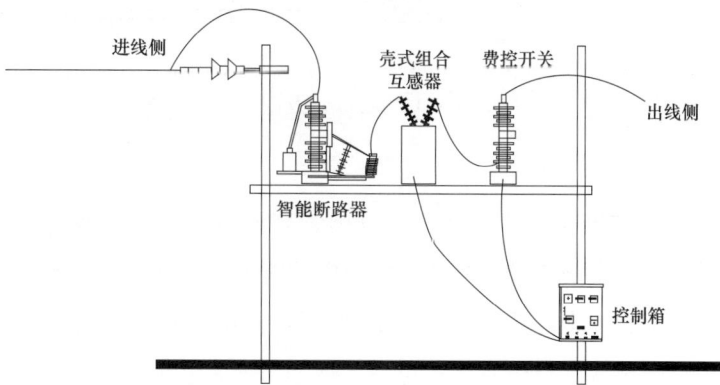

图 5-13 安装示意图

59

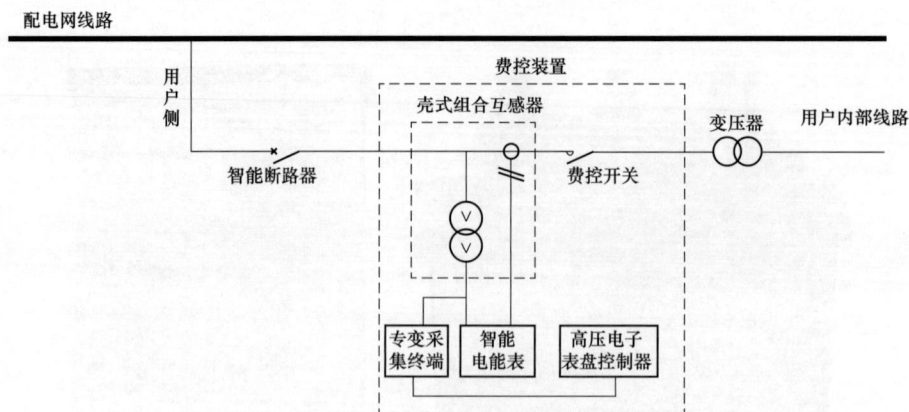

图 5-14　一次接线图

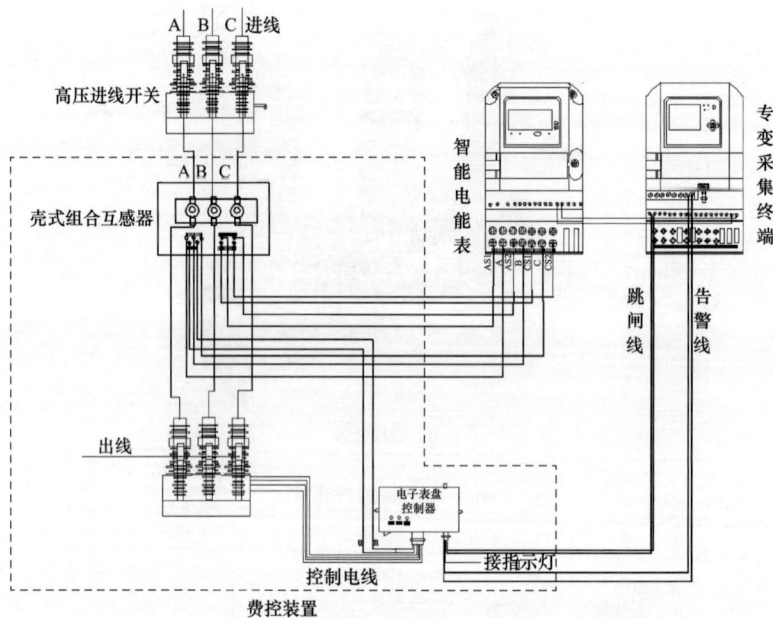

图 5-15　接线示意图

3. 方案三

在 T 接点安装智能断路器，其后安装分体式高压费控装置，即户外浇注式组合互感器+费控开关。该方案安装较为复杂；防窃电性能差；户外费控开关易生锈，易造成开关拒动；浇注体存在安全隐患。如图 5-16 所示，其由户外浇注式组合互感器、控制箱、费控开关三部分组成。户外浇注式组合互感器部分为电压电流组合互感器；控制箱部分由专变采集终端和电能表、线路巡检仪、电子表盘控制器、壳体等组成；费控开关为分体式。户外浇注式组合互感器、控制箱、费控开关通过计量线缆及控制线缆连接，完成费控功能。

(a) 户外浇注式组合互感器

(b) 控制箱

(c) 费控开关(不带保护)

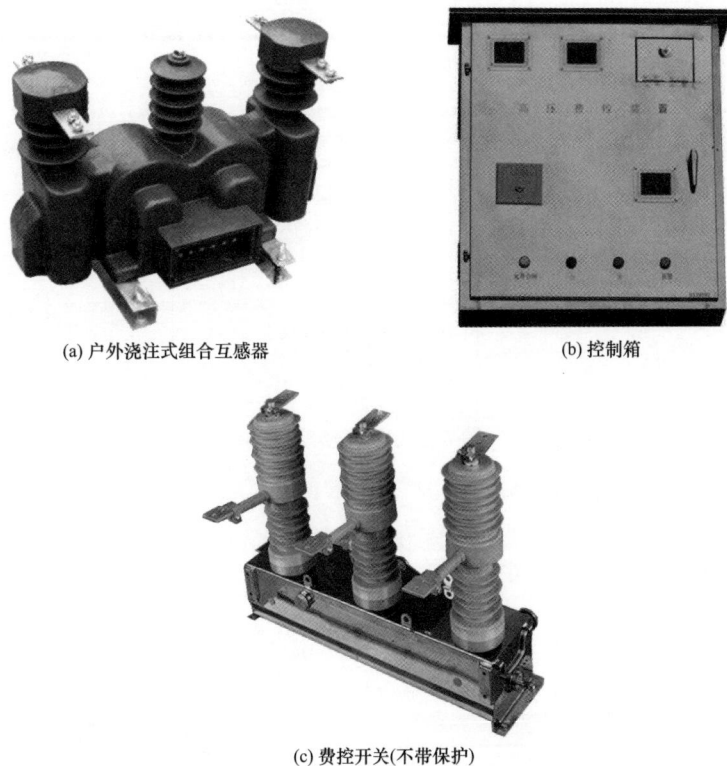

图 5-16　户外浇注式组合互感器＋费控开关装置参考图（方案三）

户外浇注式组合互感器＋费控开关装置安装示意图如图 5-17 所示。

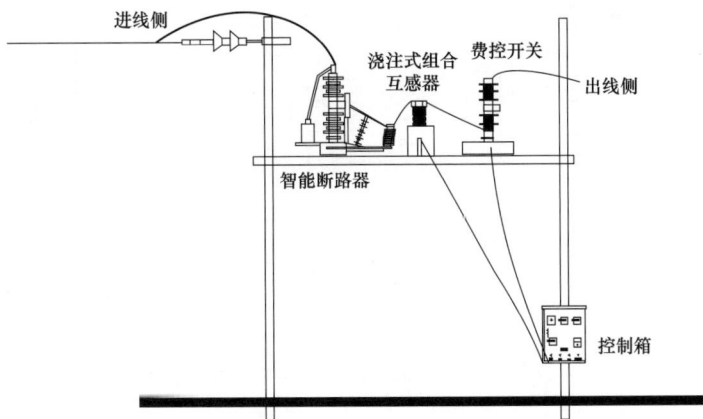

图 5-17　安装示意图

户外浇注式组合互感器＋费控开关装置一次接线图如图 5-18 所示。

户外浇注式组合互感器＋费控开关装置二次接线图如图 5-19 所示。

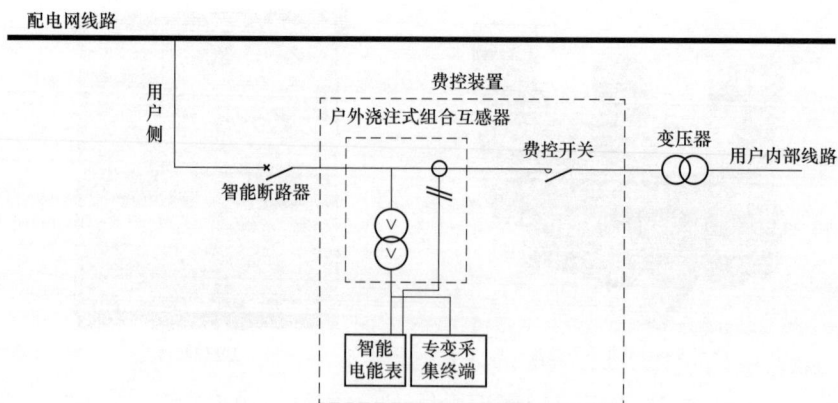

图 5-18　一次接线图

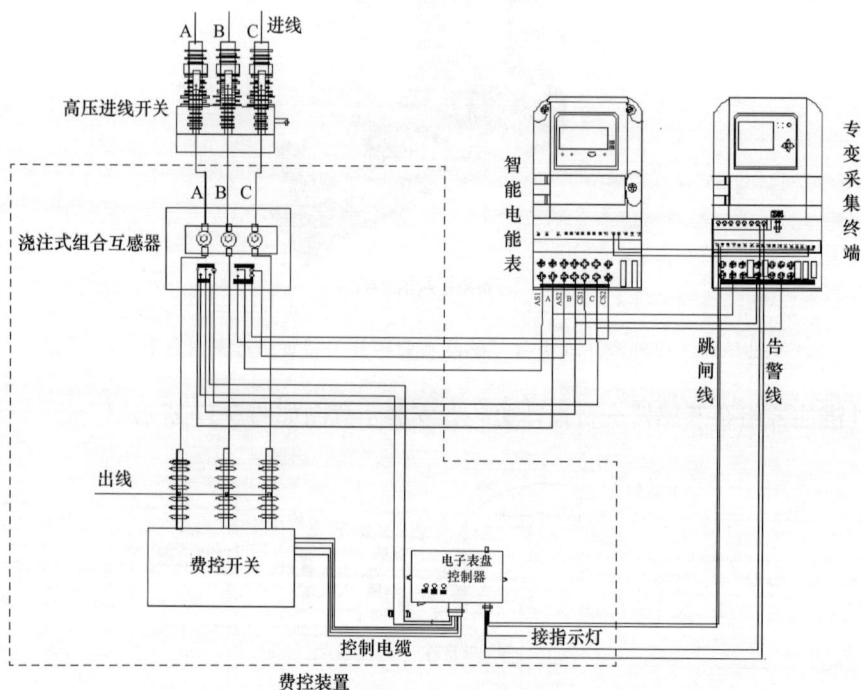

图 5-19　二次接线图

第二节　户外落地式高压费控装置

一、JLSZVFK-LD-10W 型落地式高压费控装置

1. 装置概述

JLSZVFK-LD-10W 型落地式高压费控装置是目前市场上比较新的一代电力计量费控装置。该装置安装于交流 50Hz、额定电压 10（6）kV 三相电力线路，可用于有功、

无功电能计量，适用于农村变电站、工业小型变、配电站、厂矿等10kV供电高压计量场所。

2. 装置的构成

户外落地式高压费控装置由计量室和仪表控制室两部分组成。户外落地式高压费控装置为金属全封闭箱体，计量室由一台高压真空断路器（控制高压电路的通断）、一组计量电压互感器、一组计量电流互感器（为计量仪表提供计量信号）和独立电压互感器等组成。电压互感器采用Vv接线方式；电流互感器的一次分别串联接入高压线的A相和C相，电压、电流互感器的二次输出适应于三相三线、相电压为$3 \times 100V$，具有预付费功能的专变采集终端，控制电源取自独立电压互感器。仪表控制室由专变采集终端、回路巡检仪、电子表盘控制器及多功能接线盒等组成。计量室与仪表控制室通过计量线缆及控制线缆连接，完成费控功能。

3. 工作原理

本装置由计量单元、计量互感器、电子表盘控制器及高压真空断路器组成，原理如图5-20所示。

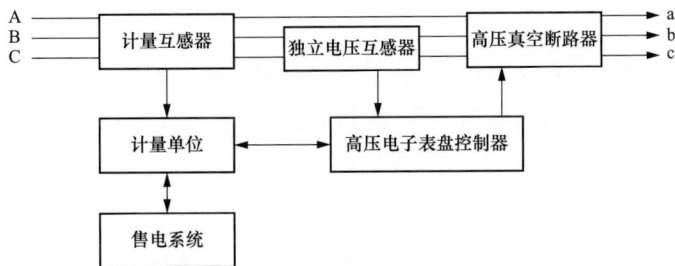

图 5-20 工作原理图

（1）计量互感器的作用：为计量单元提供计量信号和电源。

（2）独立电压互感器的作用：为电子表盘控制器提供工作所需要的220V交流电源。

（3）计量单元的作用：①接受售电系统的指令；②接受计量互感器提供的用户用电量；③将用户购电量与实际用电量作比较进行判断，及时给电子表盘控制器发出合闸、报警和分闸命令。

（4）电子表盘控制器：接受计量单元的指令后实现报警、合闸、分闸命令及状态显示。

（5）高压真空断路器：接受电子表盘控制器的合闸、分闸命令后实现高压电路的通断。

（6）当用户用电量达到设定的阈值时，专变采集终端发送报警信号，电子表盘控制器及时以声光报警，提示用户及时购电，避免因欠费造成断电。

（7）若用户未能够及时购电且用户用电量已达到购电量时（即购电量已用完），则由采集终端发出跳闸指令，电子表盘控制器发出分闸信号，高压真空断路器分闸，停止给用户供电；用户交费成功后，通过系统向专变采集终端发送允许合闸命令，允许合闸指示灯亮，由用户自行手动合闸。

4. 技术参数

（1）额定电压：10kV；

（2）额定频率：50Hz；

（3）额定绝缘水平：12/42/75kV。

5. 接线方式

电流互感器串联在线路中，电压互感器采用Vv接线。

6. 互感器部分技术参数

（1）电压比：10/0.1kV；

（2）电流比：(5～600)/5A；

（3）电压互感器准确级及输出：0.2/10～15VA，极限输出300VA；

（4）电流互感器准确级及输出：0.2S/10VA，二次引线处为0.2S/2.5VA；

（5）二次负荷功率因数：$\cos\varphi = 0.8$（滞后）；

（6）短路电流倍数：100倍I_n。

7. 费控开关部分

本费控计量装置费控开关可选用ZN系列断路器、ZW32断路器或ZW43断路器。采用ZN型高压永磁计量专用真空断路器优点如下：

（1）该永磁真空断路器采用单稳态永磁机构，合、分闸状态特性明显，合、分闸过程中不会出现中间位置状态；合、分闸状态后线圈不带电，功率小，有效节能99%；弹跳小，速度快，可避免分闸过电压，合闸涌流产生。

（2）二次控制系统分有触点和无触点模块化设计两种控制模式，无触点模块化设计避免了以往产品二次带辅助触点电路接触不良及维修不便的问题，大大提高了二次控制元件的寿命及可靠性。

（3）具有优良的开断特性，可靠机械寿命长达30万次以上，电寿命5万次以上。

（4）具有节能、免维护、使用安全等特性，适用于投切容性负载、感性负载和配电保护装置中。

8. 功能说明

（1）高压费控装置在完成常规电力计量的同时，还可以完成剩余电量报警、零电量跳闸等。

（2）剩余电量报警：在用户用电过程中，当表内电量达到预先设计的剩余报警电量时，表箱外的报警灯将被点亮。

（3）零电量跳闸：当剩余电量等于或低于跳闸限值时，向专变采集终端发送跳闸控制命令，跳闸指示灯亮，专变采集终端通过开关控制器切断用户智能交费装置。

（4）恢复供电：用户缴费成功后通过用电信息采集系统向专变采集终端发送允许合闸命令，允许合闸指示灯亮，由用户自行手动合闸，恢复用电。

9. 安装接线

JLSZVFK-LD-10W 型落地式高压费控装置安装方式根据现场情况可有以下几种方案供参考，安装时需水平放置并固定牢靠。适用于电缆式进线高供高计的重要高压用户。户外落地式高压费控装置由互感器、断路器、专变采集终端、智能电能表、电子表盘控制器、多功能接线盒、计量线缆及控制线缆组成。装置参考图如图 5-21 所示。

(a) 外观图　　　　　　　　　　　　　(b) 安装示意图

图 5-21　落地式高压费控装置

装置原理接线图见图 5-22。一次进线端为 P1，出线端为 P2。

从高压费控计量箱上引出两束二次接线，其中一束为计量端子束：即二次出线电压端子 A、B、C，电流端子 AS1、AS2、CS1、CS2；另外一束为控制端子束：u、n 为电子表盘控制器的 220V 驱动电源，其余为高压开关的控制线。

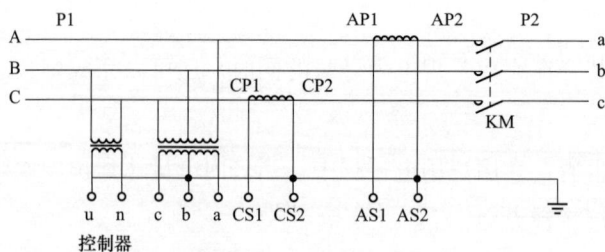

图 5-22 装置原理接线图

现场仅需要将计量端子和表箱内专用计量接线盒上的同线号端子连接、控制端子束和航空插头连接即可。电能表接线如图 5-23 所示。

本装置电流互感器电流比可选用单变比或多变比，装置计量线出厂时为单变比，若用户变压器容量发生变更，装置具备用户所需变比时，由生产厂家重新接线，经电力部门校验合格后即可使用。

按图接线后应仔细检查：

（1）一次进出线、相序是否正确；

（2）二次接线是否正确；

（3）二次计量线到表箱接线是否一一对应；

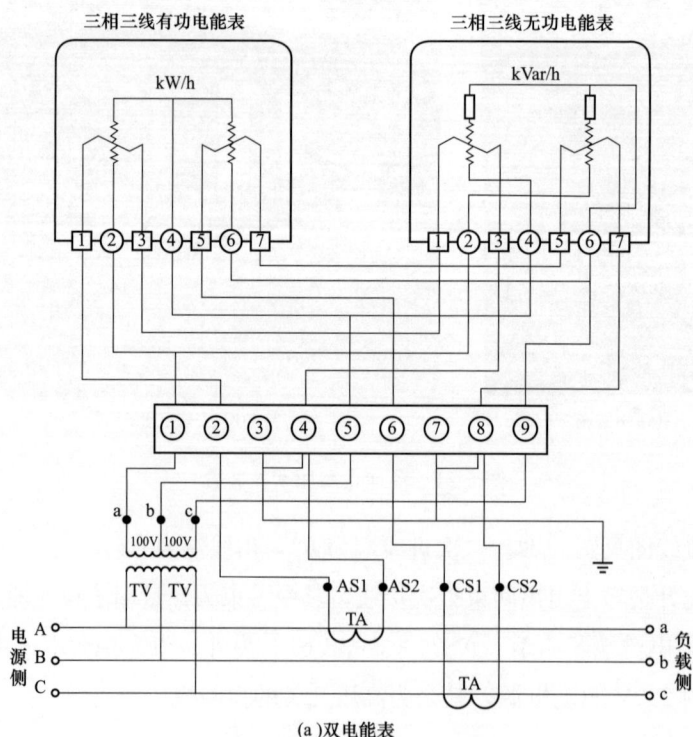

（a）双电能表

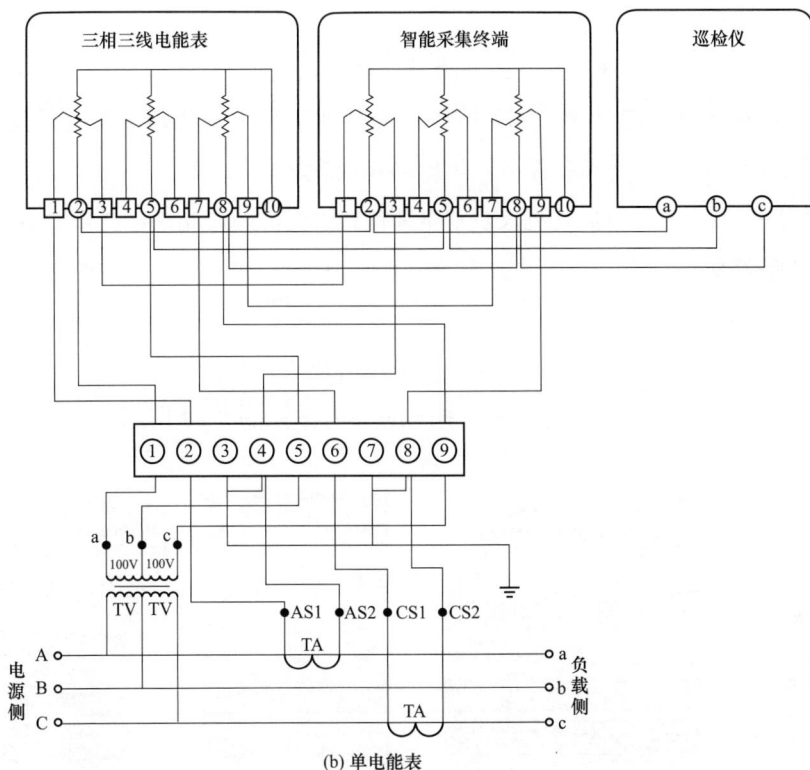

图 5-23　电能表接线示意图

（4）二次端子 b、AS2、CS2 是否可靠接地。

10. 工作条件及维护

（1）费控装置前端须安装智能断路器；

（2）费控装置进线侧须有加装避雷器；

（3）费控装置二次侧必须可靠接地（达到接地参数）；

（4）对于易产生谐振的企业，若选用 Vv 接线的费控装置，应在厂区内加装成套消谐装置；

（5）对于容易发生污闪的企业，费控装置应安装在距离污染源 1～2km 左右的地方；

（6）仪表控制室指示灯均显示开关的真实工作状态；

（7）设备材质的选择应因地制宜（SMC、铁皮喷塑、不锈钢等），延长其使用寿命；

（8）费控开关不应具备保护功能建议优先选用无触点开关；

（9）费控装置宜选用电子表盘控制器；

（10）确认费控装置实际通过电流应该在互感器额定电流的 120％ 以内，过负荷可能影响装置的正常运行，同时也会有较大的计量负偏差，互感器电流比与变压器容量须匹配；

(11) 装置开关在前级线路跳闸时具有状态闭锁功能；

(12) 现场接线时，按照费控装置接线图连接计量和控制线路，其他开关和各连接线路请勿随意调整，以免造成装置不能正确动作或损坏；

(13) 装置正常投入运行后，将仪表室全部铅封，交付用户允许合闸开关小门的钥匙。

二、设备选型

1. 方案一（推荐方案）

智能断路器采用杆架式安装，费控装置采用落地式安装。

JLSZVFK-LD-10W 型落地式高压费控装置参考图如图 5-24 所示。

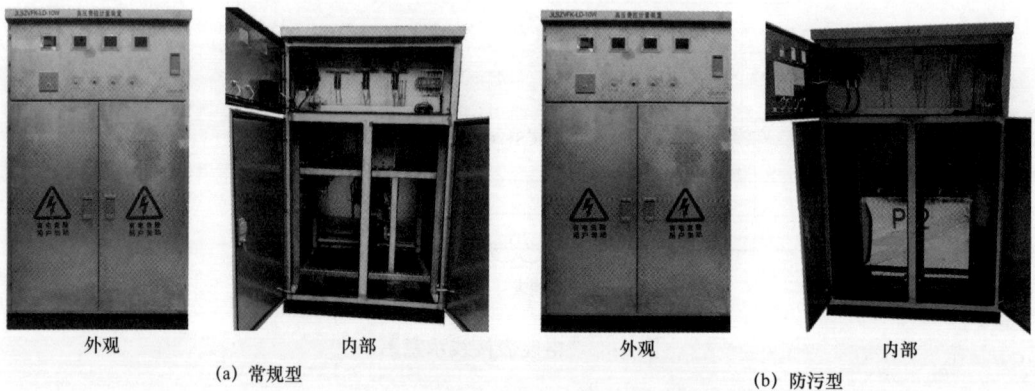

(a) 常规型　　　(b) 防污型

图 5-24　JLSZVFK-LD-10W 型落地式高压费控装置

JLSZVFK-LD-10W 型落地式高压费控装置安装示意图如图 5-25 所示。

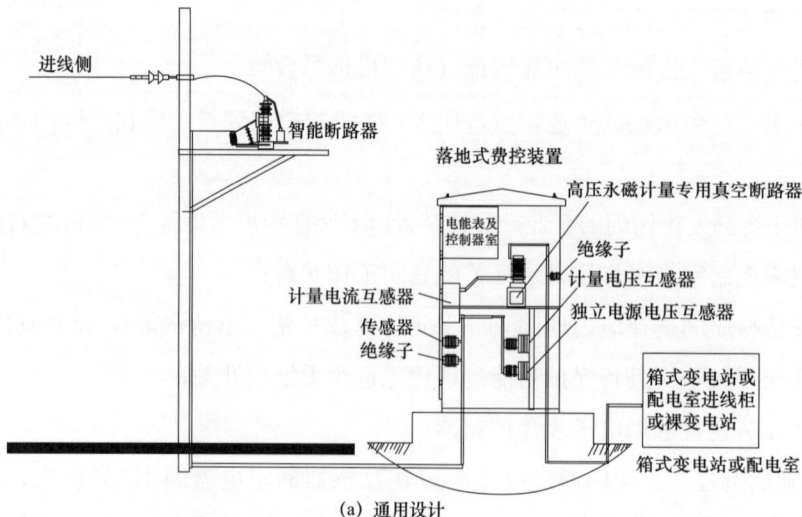

(a) 通用设计

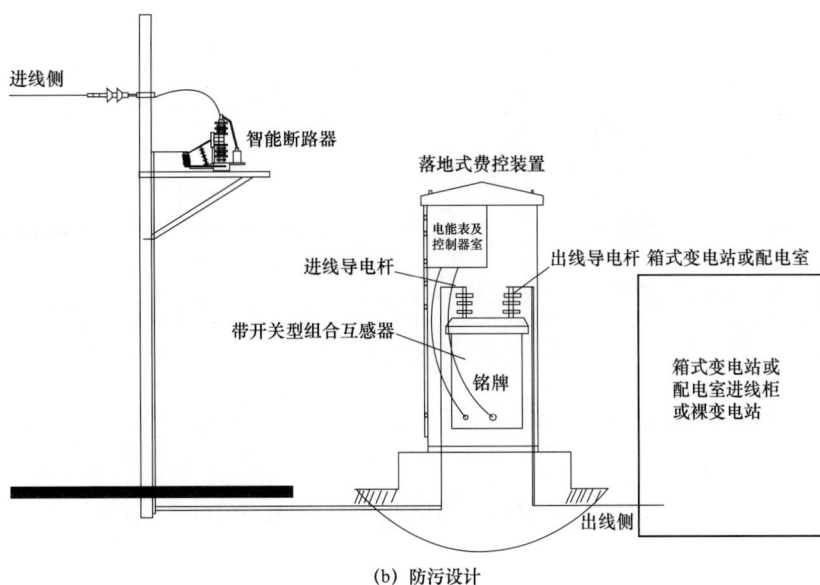

(b) 防污设计

图 5-25 JLSZVFK-LD-10W 型落地式高压费控装置安装示意图

JLSZVFK-LD-10W 型落地式高压费控装置内部示意图如图 5-26 所示。

费控装置内部主要设备有：电能表及控制器室，一般安装于箱体正面上方位置，方便查看和操作。

10kV 落地式费控装置一次接线图如图 5-27 所示。

10kV 落地式费控装置二次接线图如图 5-28 所示。

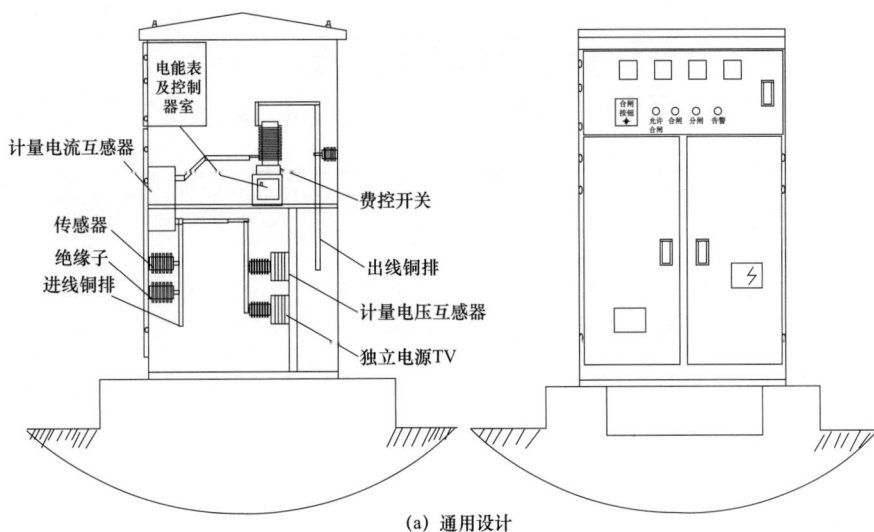

(a) 通用设计

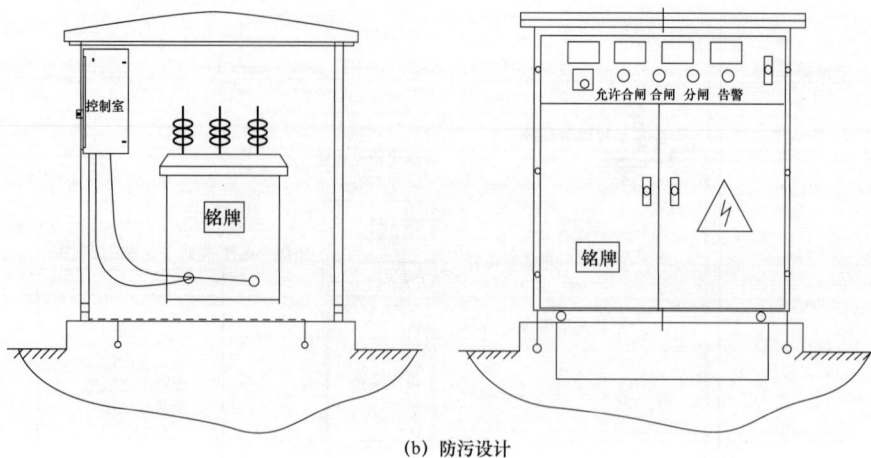

(b) 防污设计

图 5-26 JLSZVFK-LD-10W 型落地式高压费控装置内部示意图

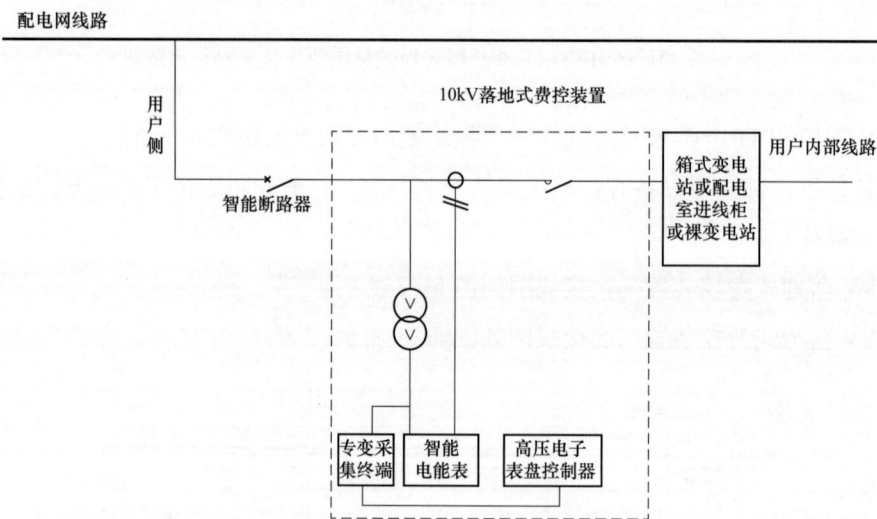

图 5-27 一次接线图

2. 方案二

直接安装箱式费控装置，即箱式高压断路器柜和箱式高压计量柜安装在一个箱体内，如图 5-29 所示。其中，箱式高压断路器柜由 VS1 开关、开关状态显示器、测量保护用电压电流互感器等组成；箱式高压计量柜由计量电压互感器、计量电流互感器、传感器、避雷器、专变采集终端、智能电能表、电子表盘智能控制器、多功能接线盒、计量线缆及控制线缆等组成。

直接安装箱式费控装置安装示意图如图 5-29 所示。

直接安装箱式费控装置内部示意图如图 5-30 所示。

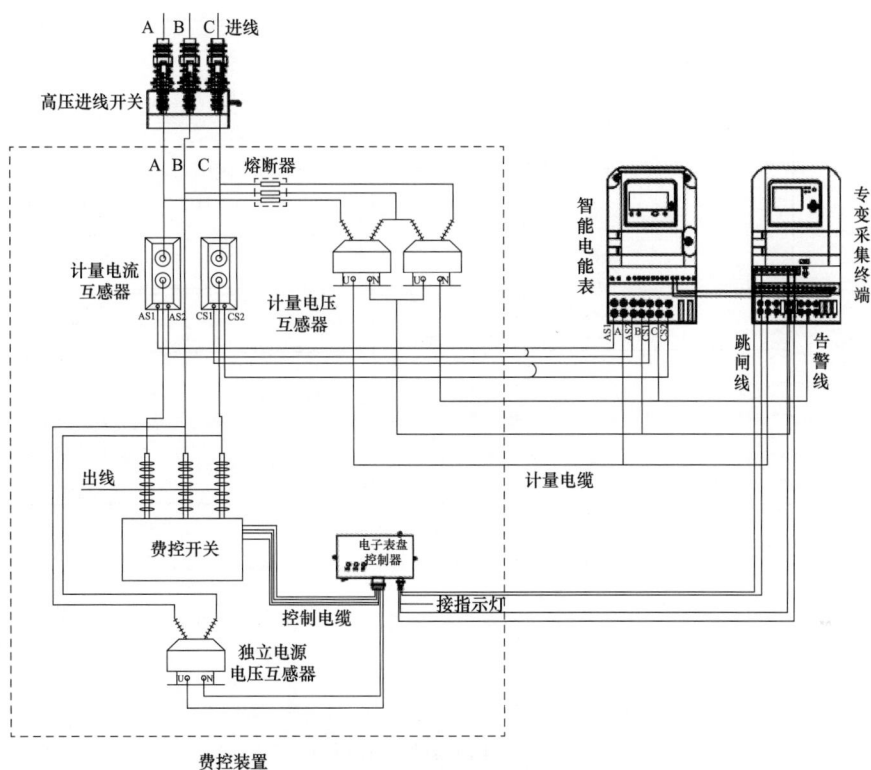

图 5-28　二次接线图

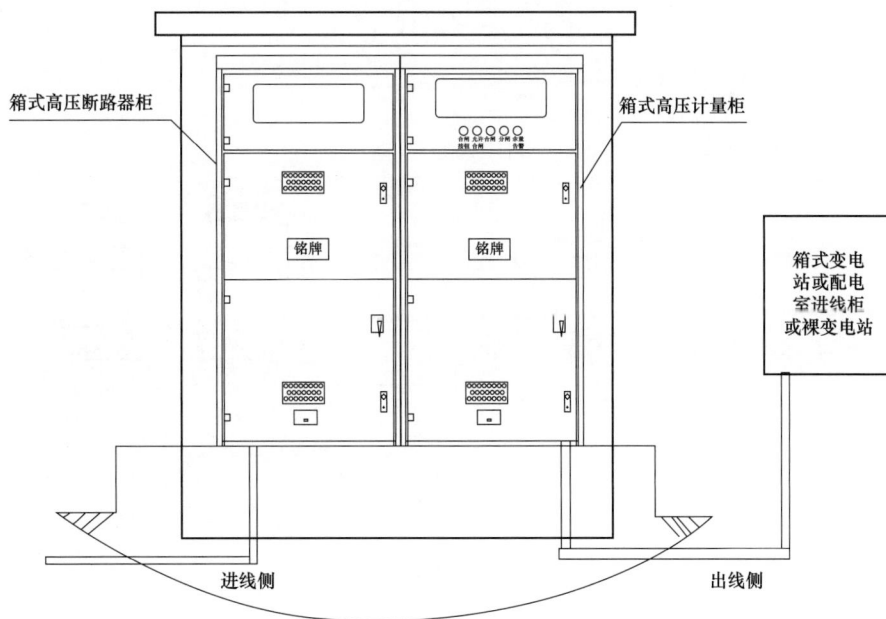

图 5-29　安装示意图

直接安装箱式费控装置一次接线图如图 5-31 所示。

10kV 箱式费控装置接线示意图如图 5-32 所示。

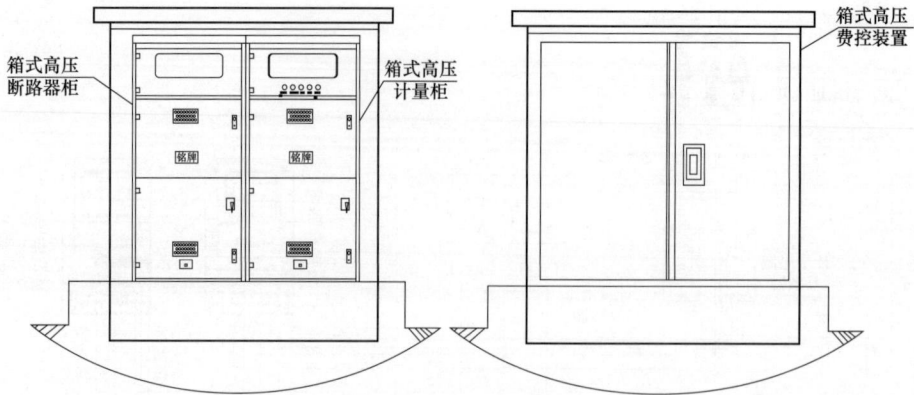

图 5-30　内部示意图

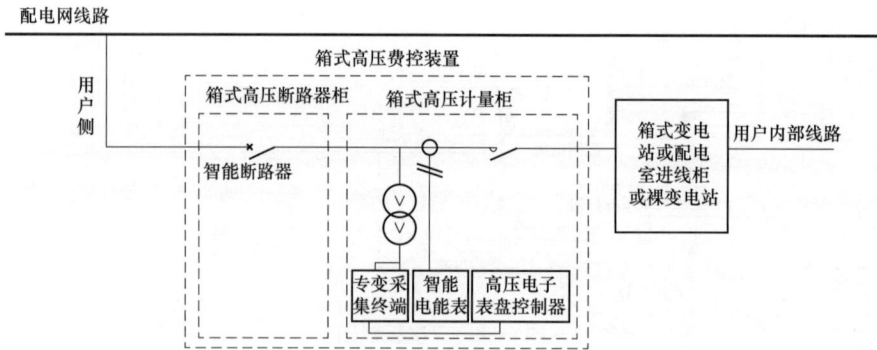

图 5-31　一次接线示意图

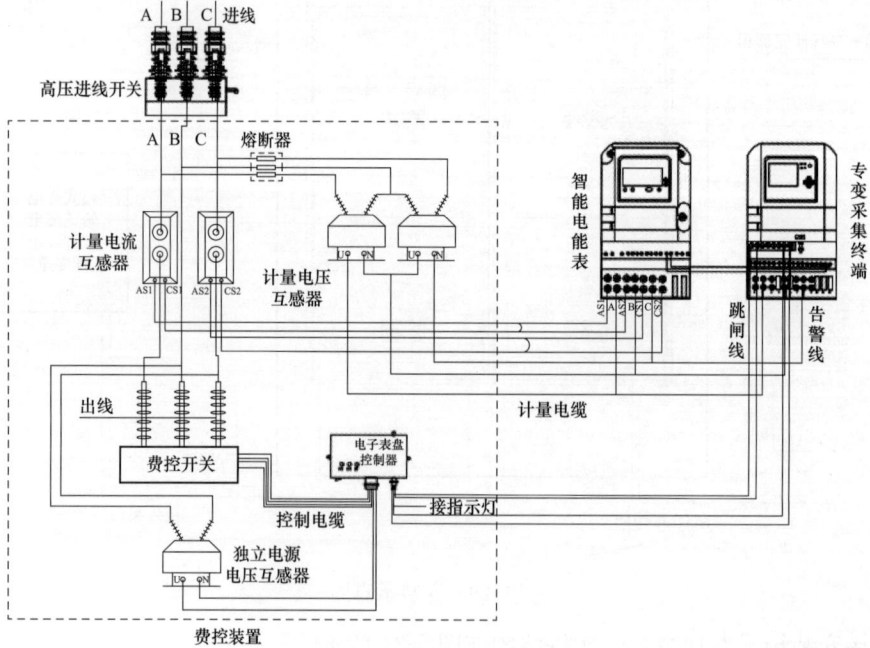

图 5-32　二次接线示意图

第三节 配电室用高压费控装置

一、KYNFK28-12型配电室用高压费控装置

1. 装置概述

KYNFK28-12高压费控装置是一款新一代免维护电力计量产品。产品安装于交流50Hz、额定电压10（6）kV三相电力线路，可用于有功、无功电能计量，适用于农村变电站、工业小型变、配电站、厂矿等10（6）kV供电高压计量场所。

2. 装置的构成

本装置由高压费控计量和仪表控制两部分组成；高压费控装置为金属全封闭箱体，箱内装有一台高压真空断路器（控制高压电路的通断）、一组计量电压互感器和一组计量电流互感器（为计量仪表提供计量信号）、控制电源取自独立电压互感器。一组计量电压互感器采用Vv接线方式；一组计量电流互感器的一次分别串联接入高压线的A相和C相；电压、电流互感器的二次输出适应于三相三线、相电压为3×100V，具有预付费功能的采集终端。仪表控制部分分为计量和控制两部分。

3. 工作原理

KYNFK28-12高压费控装置由计量单元、计量互感器、电子表盘控制器及高压真空断路器组成。

原理如图5-33所示。

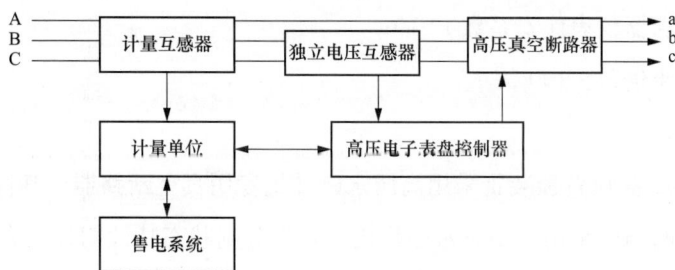

图 5-33 工作原理示意图

（1）计量互感器的作用：为计量单元提供计量信号和电源。

（2）独立电压互感器作用：为电子表盘控制器提供工作所需要的220V交流电源。

（3）计量单元的作用：①接受售电系统的指令；②接受组合互感器提供的用户用电量；③将用户购电量与实际用电量作比较进行判断，及时给电子表盘控制器发出合闸、报警和分闸命令。

（4）电子表盘控制器是接受计量单元的指令，实现报警、合闸、分闸命令及状态显示。

（5）高压真空断路器是接受电子表盘控制器的合闸、分闸命令后实现高压电路的通断。

（6）当用户用电量达到设定的阀值时，采集终端发送报警信号，电子表盘控制器及时以声光报警，提示用户及时购电，避免因欠费造成断电。

（7）若用户未能够及时购电且用户用电量已达到购电量时（即购电量已用完），则由采集终端发出跳闸指令，电子表盘控制器发出分闸信号，高压真空断路器分闸，停止给用户供电；用户交费成功后，通过系统向专变采集终端发送允许合闸命令，允许合闸指示灯亮，由用户自行手动合闸。

4. 技术参数

（1）额定电压：10（6）kV；

（2）额定频率：50Hz；

（3）额定绝缘水平：12/42/75kV；

（4）接线方式：电流互感器采用串联接线，电压互感器采用Vv接线。

5. 互感器技术参数

（1）电压比：10/0.1kV，6/0.1kV；

（2）电流比：5～600/5A；

（3）电压互感器准确级及输出：0.2/10～15VA，极限输出300VA；

（4）电流互感器准确级及输出：0.2S/10VA，二次引线处为0.2S/2.5VA；

（5）二次负荷功率因数：$\cos\varphi=0.8$（滞后）；

（6）电流互感器仪表保安系数FS10；

（7）短路电流倍数：100倍 I_n。

6. 真空断路器

KYNFK28-12高压费控装置采用高压永磁计量专用真空断路器，其优点如下：

该永磁真空断路器采用单稳态永磁机构，合、分闸状态特性明显，合、分闸过程中不会出现中间位置状态；合、分闸状态后线圈不带电，功率小，有效节能99%；弹跳小，速度快，可避免分闸过电压，合闸涌流产生。二次控制系统分两种控制模式即有触点和无触点模块化设计，无触点模块化设计避免了以往产品二次带辅助触点电路接触不良及维修不便的问题，大大提高了二次控制元件的寿命及可靠性。该产品具有优良的开断特性，可靠机械寿命长达30万次以上，电寿命5万次以上。总体具有节能、免维护、使用安全等特性，该装置最适宜用于投切容性负载、感性负载和配电保护装置中。断路器主要技术参数见附表4。

7. 功能说明

（1）高压费控装置在完成常规电力计量的同时，还可以完成剩余电量报警、零电量跳闸等。

（2）剩余电量报警：在用户用电过程中，当表内电量达到预先设计的剩余报警电量时，表箱外的报警灯将被点亮。

（3）零电量跳闸：在电量用完后，控制装置对装置开关发出指令断开线路，终止供电。

（4）恢复供电：用户交费成功后，通过系统向专变采集终端发送解除跳闸命令，专变采集终端接收到命令，控制仪表室门上允许合闸指示灯亮，通过允许合闸按钮，由用户自行手动合闸。

8. 安装接线

（1）高压费控装置安装方式根据现场情况可有以下几种方案供参考，安装时需水平放置并固定牢靠。

本方案适用于户内配电室的高压用户。户内配电室现场设计方案由计量互感器、移出式断路器、终端、计量表计及控制线缆组成，整套设备在柜体内部，落地式安装。装置主体如图 5-34 所示。

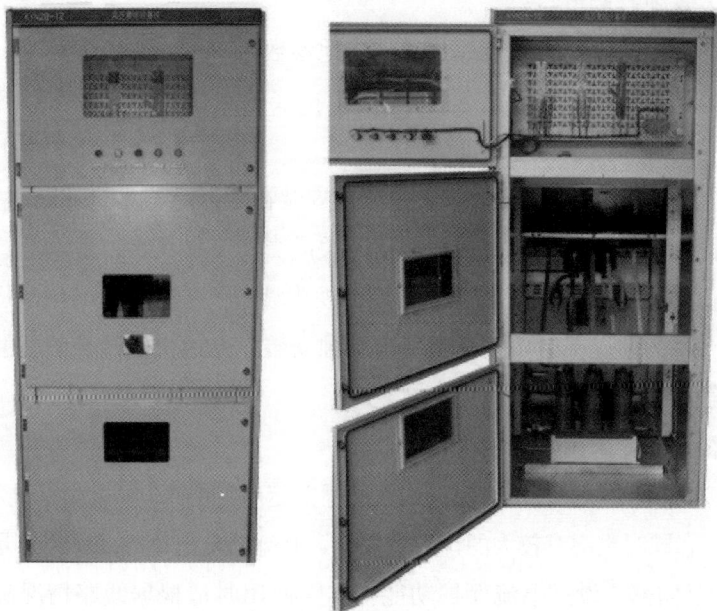

图 5-34 KYNFK28-12 型高压费控计量柜

（2）装置原理接线图如图 5-35 所示。一次进线端为 AP1、BP1、CP1，出线端为 AP2、BP2、CP2。

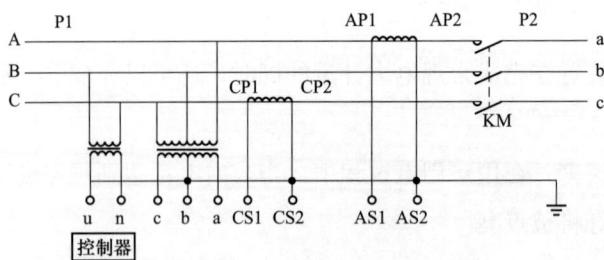

图 5-35　装置原理接线图

（3）从高压费控计量箱上引出两束二次接线，其中一束为计量端子束：即二次出线电压端子 A、B、C，电流端子 AS1、AS2、CS1、CS2；另外一束为控制端子束：u、n 为电子表盘控制器的 220V 驱动电源，其余 U11、U12、U21、U22 为高压开关的控制线。

（4）现场仅需要将计量端子和表箱内专用计量接线盒上的同线号端子连接、控制端子束和航空插头连接即可。

（5）本装置为多变比，若用户变压器容量发生更改，装置有用户所需的变比时，由生产厂家重新接线，经电力部门校验合格后方可使用。

9. 工作条件及维护

（1）费控装置前端须有专变专用断路器；

（2）费控装置须有避雷器；

（3）费控装置二次必须可靠接地（达到接地参数）；

（4）对于易产生谐振的企业，若选用 V/V 接线的费控装置，应在厂区内加装成套消谐装置；

（5）对于容易发生污闪的企业，费控装置应安装在距离污染源 1～2km 左右的地方；

（6）仪表控制室开关分、合模式均显示开关的真实工作状态；

（7）设备材质的选择应因地制宜（SMC、铁皮喷塑、不锈钢），延长其使用寿命；

（8）条件允许的情况下，费控开关尽量单独安装，与用户侧跳合闸功能相分离，建议优先使用无触点开关；

（9）仪表控制室内采用电子表盘控制器；

（10）确认装置的实际通过电流应该在互感器额定电流的 120% 以内，过负荷可能影响装置的正常运行，同时也会有较大的计量负偏差，互感器电流比与变压器容量需匹配；

（11）本产品内部不设过电流保护功能，实际使用时请根据线路情况确定是否需要安装过电流保护装置；

（12）装置开关在前级线路跳闸时具有状态闭锁功能；

（13）现场接线时，按照本说明书中接线方式连接计量和控制线路，其他开关和各连接线路请勿随意调整，以免造成装置不能正确动作或损坏；

（14）设备正常投入运行后，将仪表室全部铅封，交付用户安装远方/就地开关小门的钥匙。

10. 外形结构

KYNFK28-12 高压费控装置外形和控制装置原理图如图 5-36、图 5-37 所示。

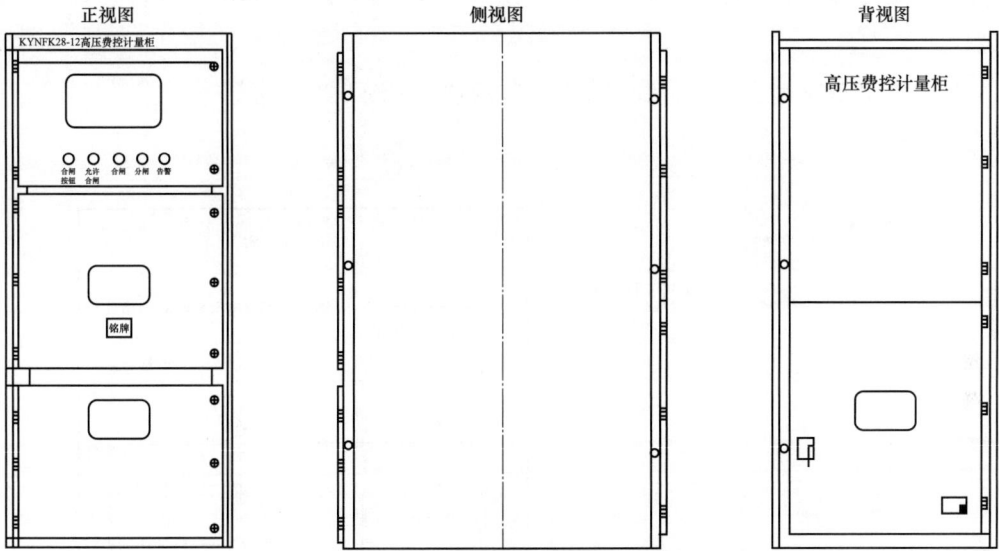

图 5-36　KYNFK28-12 高压费控装置外形图

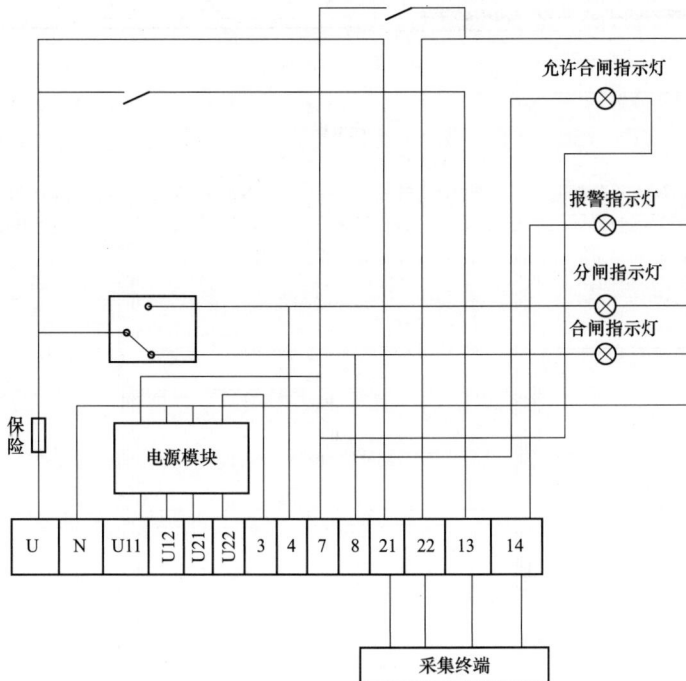

图 5-37　控制装置原理图

二、设备选型方案

1. 方案一

选用 KYNFK28-12 型配电室用费控装置。KYNFK28-12 型配电室用费控装置由互感器、真空永磁开关、壳体及控制线缆组成；互感器和真空永磁开关、电子表盘控制器及专变采集终端、电能表、线路巡检仪等组装在柜体内部，控制电源取自独立电压互感器。

KYNFK28-12 型配电室用费控装置安装示意图如图 5-38 所示。

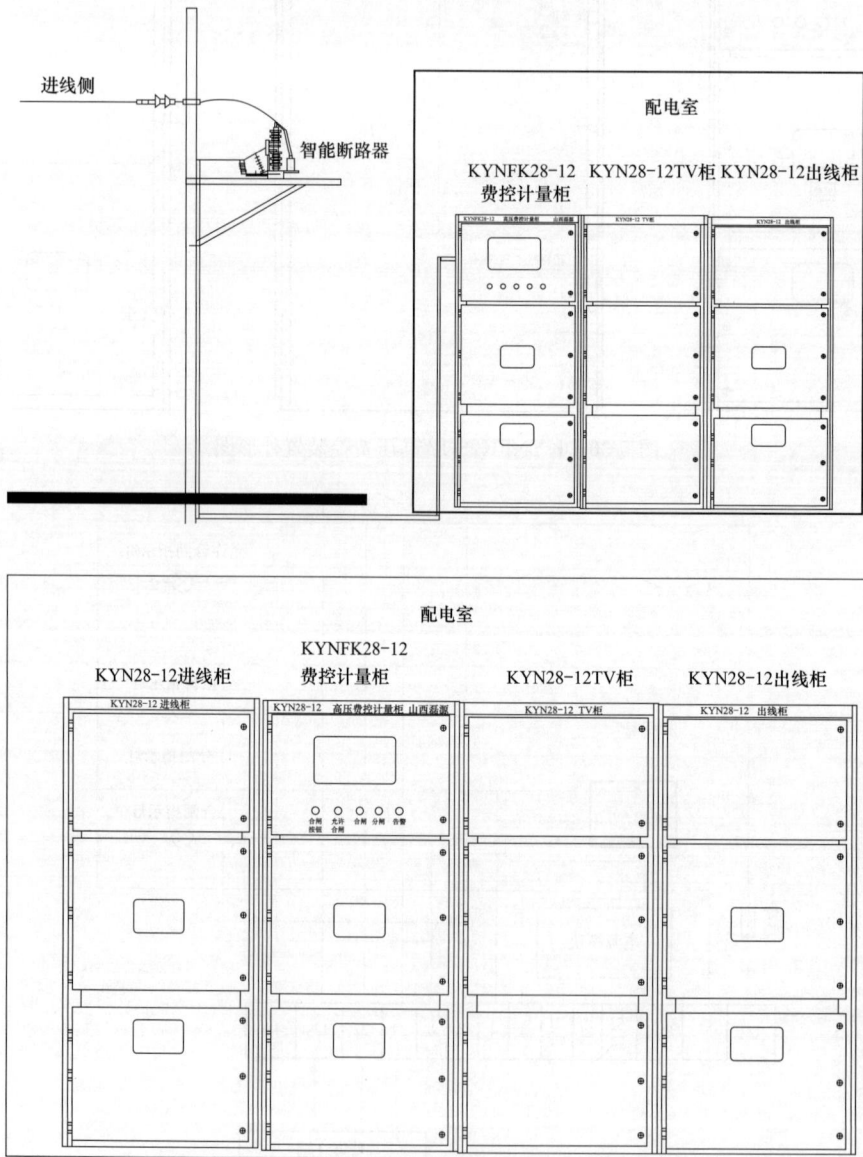

图 5-38 安装示意图

KYNFK28-12 型配电室用费控装置内部示意图如图 5-39 所示。

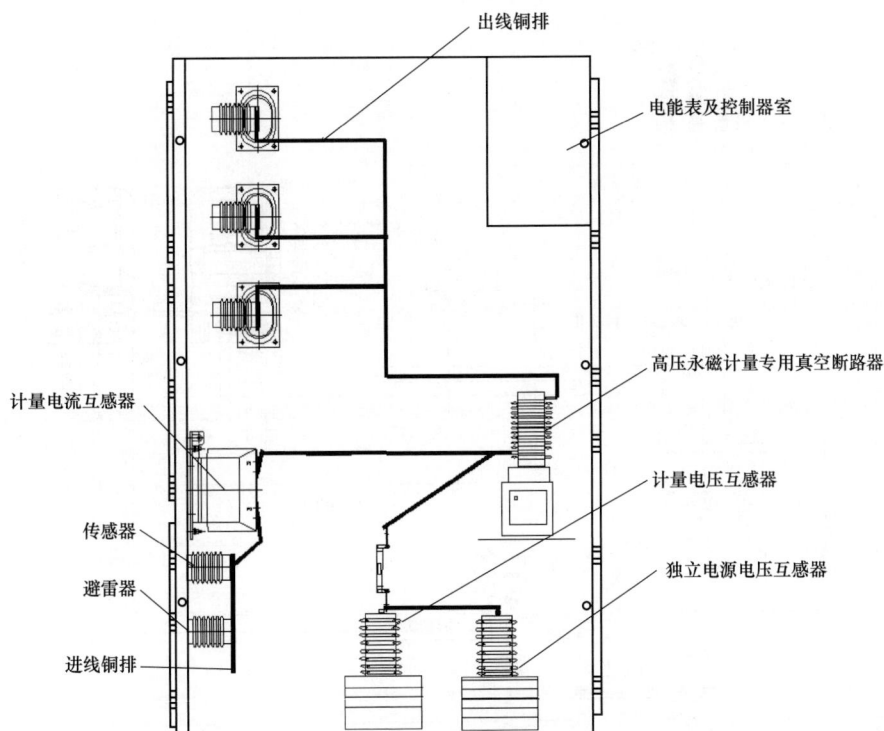

图 5-39　内部示意图

KYNFK28-12 型配电室用费控装置一次接线图如图 5-40 所示。

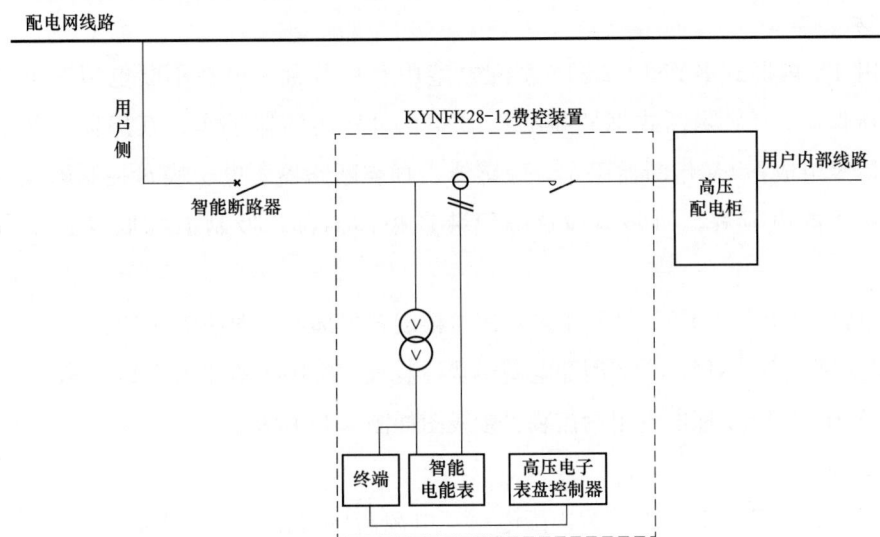

图 5-40　一次接线图

KYNFK28-12 型配电室用费控装置接线图如图 5-41 所示。

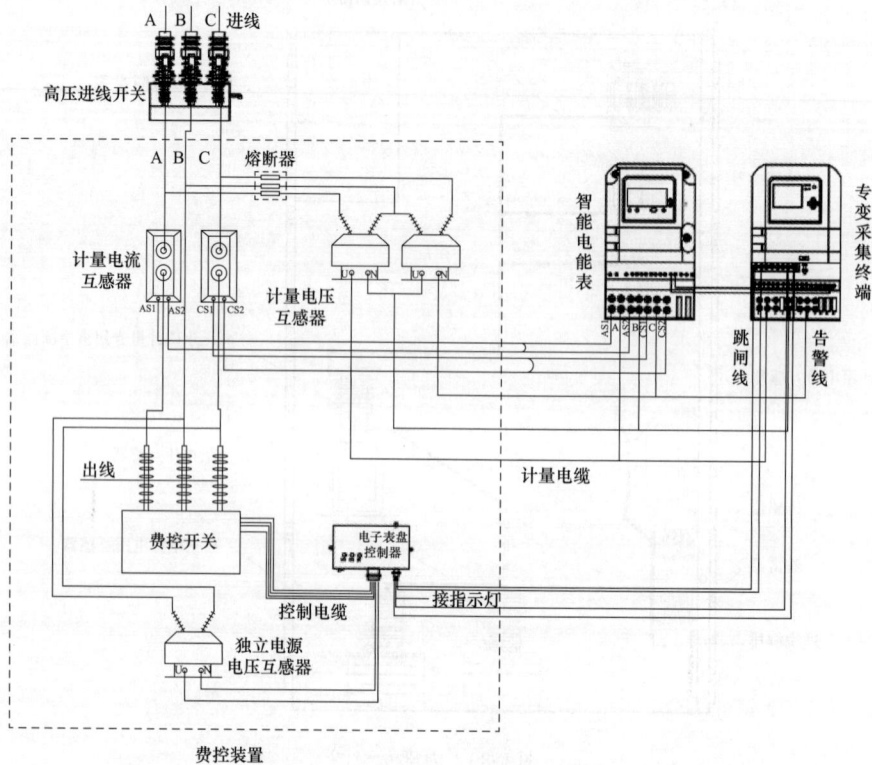

图 5-41　二次接线图

2. 方案二

选用 TV 隔断式 KYNFK28-12 型配电室用费控装置，可在不断电情况下更换电压互感器保险。TV 隔断式 KYNFK28-12 柜由 TV 熔断器手车、互感器、真空断路器、壳体等组成；TV 熔断器手车、互感器、真空断路器、电子表盘控制器及专变采集终端、智能电能表、回路巡检仪等组装在柜体内部，控制电源取自独立电压互感器。

TV 隔断式 KYNFK28-12 型配电室用费控装置内部示意图如图 5-42 所示。

TV 隔断式 KYNFK28-12 型配电室用费控装置一次接线图如图 5-43 所示。

KYNFK28-12 型配电室用费控装置接线图如图 5-44 所示。

3. 方案三

用户安装 KYNFK28-12 型户内配电室双电源高压费控装置，其安装示意图、一次接线图、二次接线图分别如图 5-45、图 5-46、图 5-47 所示。

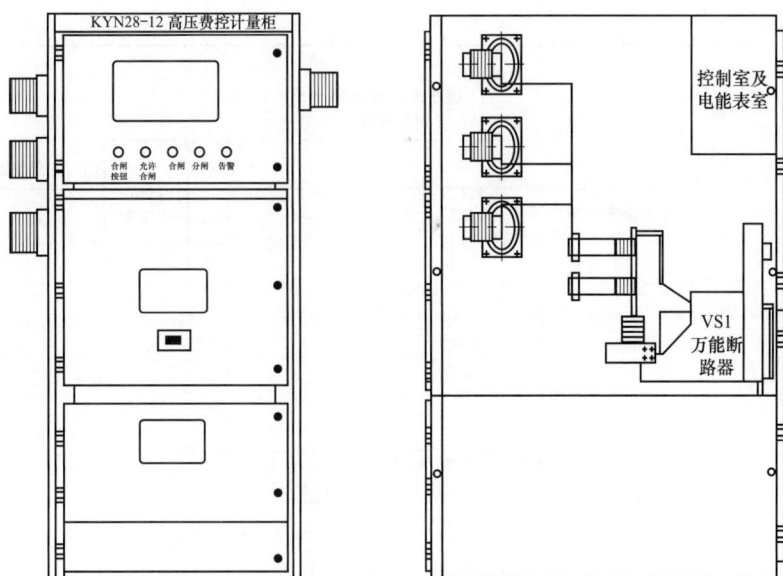

(a) KYNFK28-12计量柜

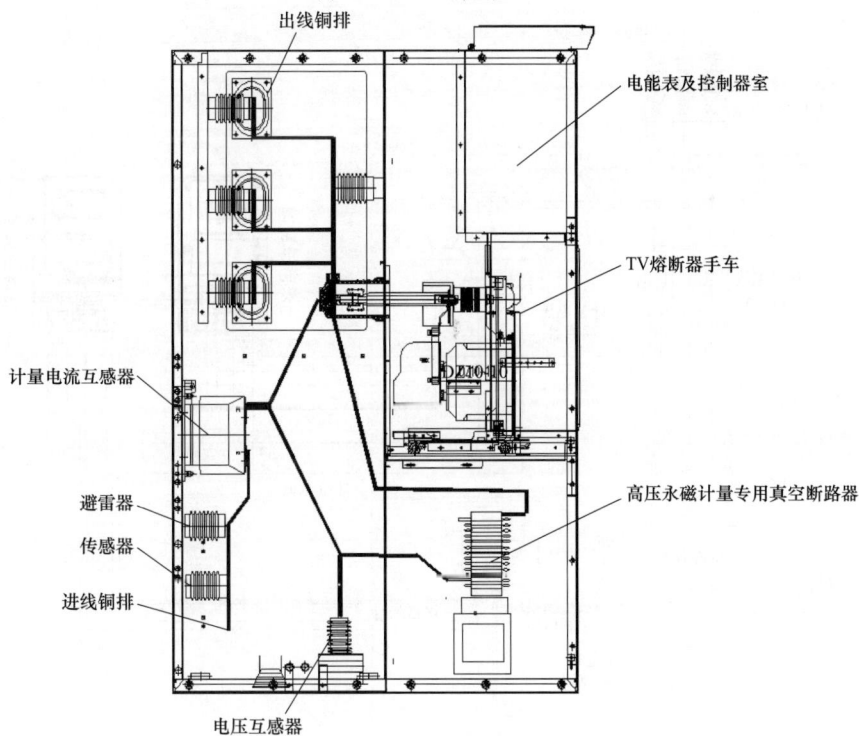

(b) TV隔断式KYNFK28-12柜

图 5-42　TV 隔断式 KYNFK28-12 型配电室用费控装置

配电网线路

TV隔断式KYNFK28-12
费控装置

用户侧

用户内部线路

智能断路器

FU

高压
配电柜

专变采
集终端

智能
电能表

高压电子
表盘控制器

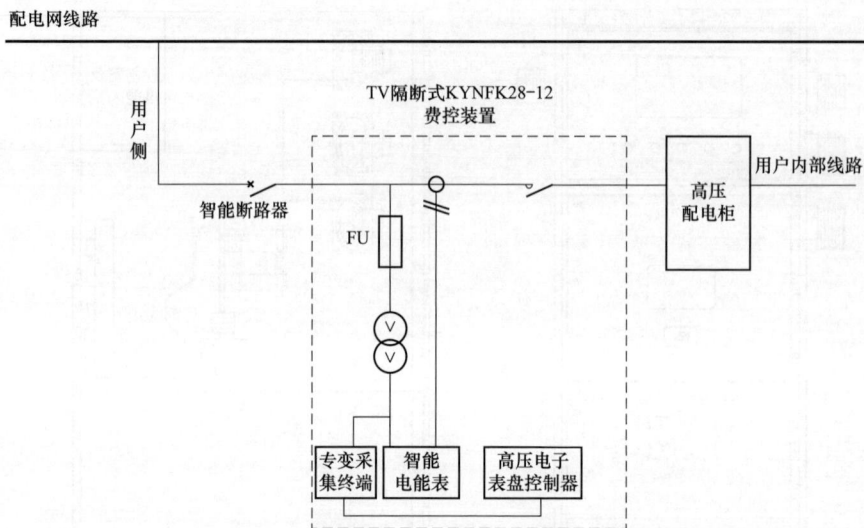

图 5-43　一次接线图

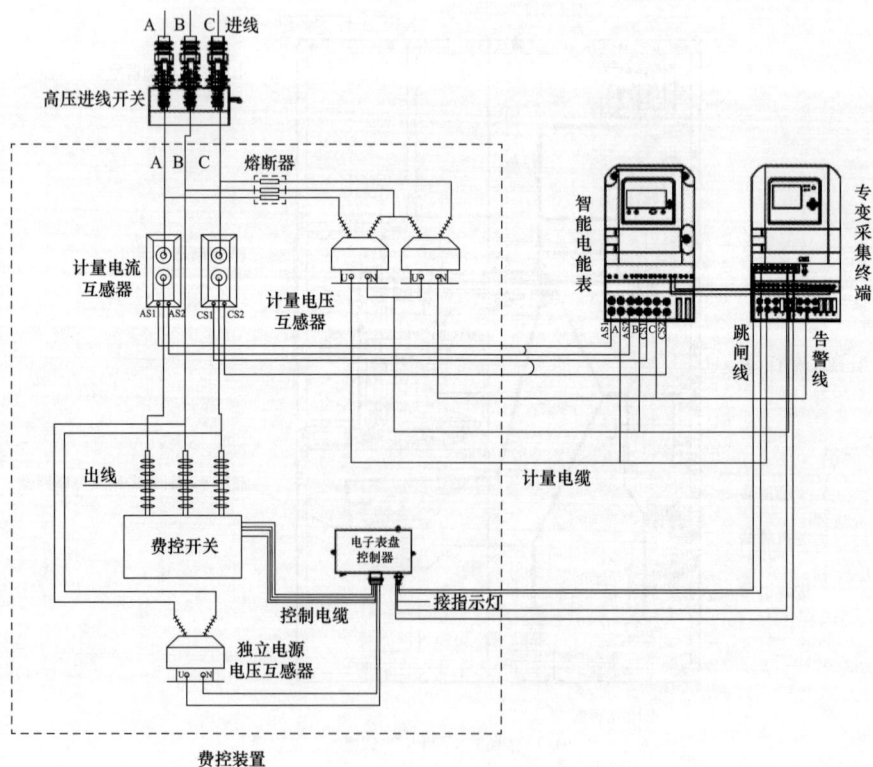

A B C 进线

高压进线开关

A B C

熔断器

计量电流
互感器

计量电压
互感器

智能
电能表

专变采
集终端

AS1 AS2 CS1 CS2

跳闸线

告警线

出线

计量电缆

费控开关

电子表盘
控制器

接指示灯

控制电缆

独立电源
电压互感器

费控装置

图 5-44　二次接线图

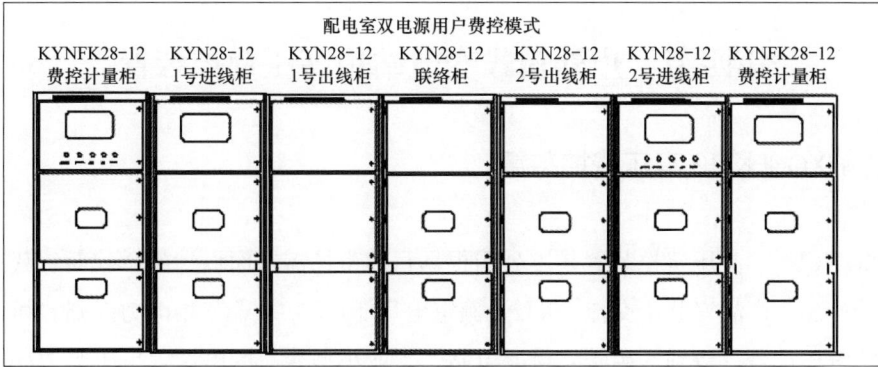

图 5-45 安装示意图

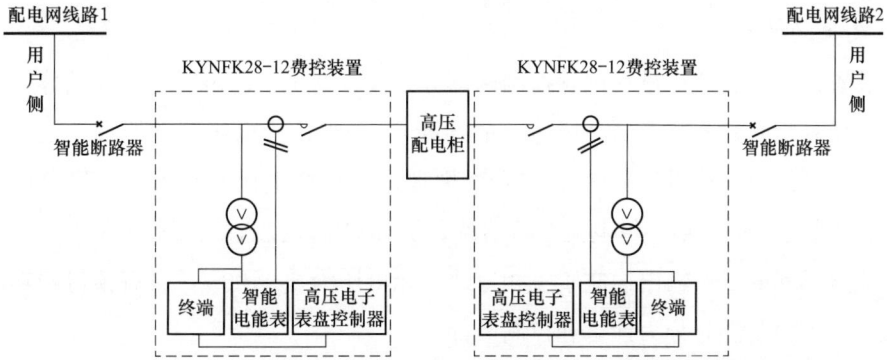

图 5-46 一次接线图

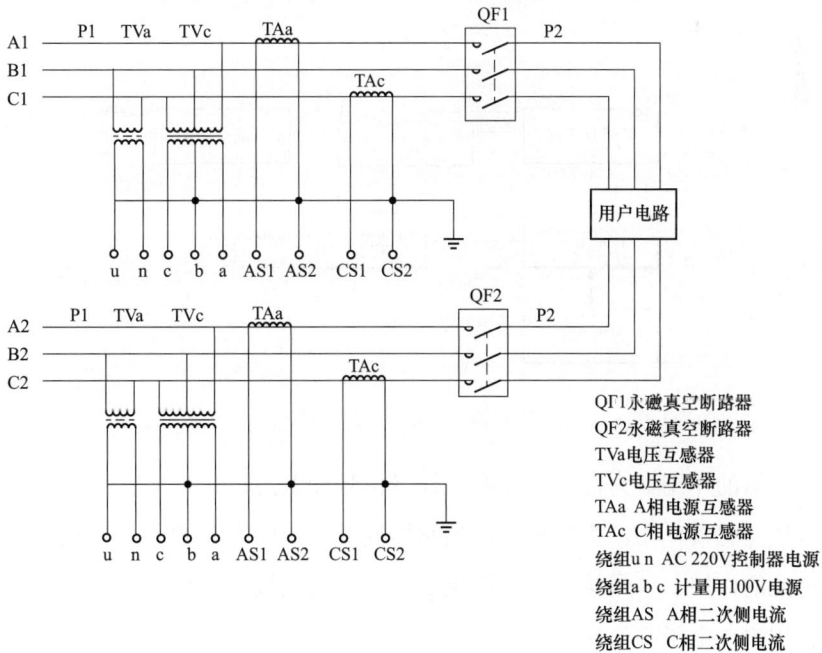

QF1永磁真空断路器
QF2永磁真空断路器
TVa电压互感器
TVc电压互感器
TAa A相电源互感器
TAc C相电源互感器
绕组 u n AC 220V控制器电源
绕组 a b c 计量用100V电源
绕组AS A相二次侧电流
绕组CS C相二次侧电流

图 5-47 二次接线图

第四节 户外箱式变电站用高压费控装置

一、HXGNFK-12 高压费控装置

1. 概述

HXGNFK-12 高压费控装置是本公司根据目前市场需求而设计的一款新一代免维护电力计量产品。产品安装于交流 50Hz、额定电压 10（6）kV 三相电力线路，可用于有功、无功电能计量，特别适用于农村变电站、工业小型变、配电站、厂矿等 10（6）kV 供电高压计量场所。

2. 装置的构成

本装置由高压费控计量和仪表控制两部分组成；高压费控装置为金属箱体，箱内装有一台高压真空断路器（控制高压电路的通断）、一组计量电压互感器和一组计量电流互感器（为计量仪表提供计量信号），控制电源取自独立电压互感器。一组电压互感器采用 Vv 接线方式；一组计量电流互感器的一次分别串联接入高压线的 A 相和 C 相；电压、电流互感器的二次输出适应于三相三线、相电压为 3×100V，具有预付费功能的采集终端。仪表控制部分分为计量和控制两部分。

3. 工作原理

本装置由计量单元、计量互感器、电子表盘控制器及高压真空断路器组成，原理如图 5-48 所示。

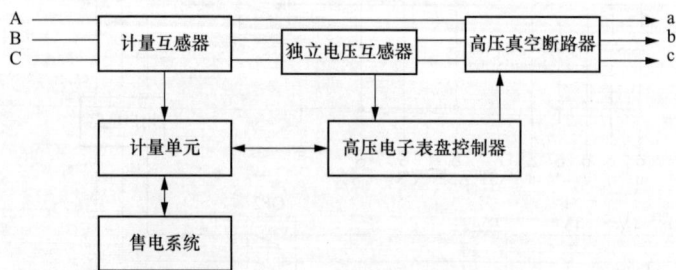

图 5-48 工作原理方框图

计量互感器的作用：为计量单元提供计量信号和电源；

独立电压互感器作用：为电子表盘控制器提供工作所需要的 220V 交流电源。

计量单元的作用：一是接受售电系统的指令；二是接受计量互感器提供的用户用电量；三是将用户购电量与实际用电量做比较进行判断，及时给电子表盘控制器发出合闸、报警和分闸命令。

电子表盘控制器是接受计量单元的指令实现报警、合闸、分闸命令及状态显示。

高压真空断路器是接受电子表盘控制器的合闸、分闸命令后实现高压电路的通断。

当用户用电量达到设定的阀值时，采集终端发送报警信号，电子表盘控制器及时以声光报警，提示用户及时购电，避免因欠费造成断电。

若用户未能够及时购电且用户用电量已达到购电量时（即购电量已用完），则由采集终端发出跳闸指令，电子表盘控制器发出分闸信号，高压真空断路器分闸，停止给用户供电；用户交费成功后，通过系统向专变采集终端发送允许合闸命令，允许合闸指示灯亮，由用户自行手动合闸。

4. 技术数据

（1）额定电压：10（6）kV；

（2）额定频率：50Hz；

（3）额定绝缘水平：12/42/75kV；

（4）接线方式：电流互感器采用串联接线，电压互感器采用 V/V 接线。

5. 互感器部分技术参数

（1）电压比：10/0.1kV，6/0.1kV；

（2）电流比：5～600/5A；

（3）电压互感器准确级及输出：0.2/10～15VA，极限输出300VA；

（4）电流互感器准确级及输出：0.2S/10VA，二次引线处为0.2S/2.5VA；

（5）二次负荷功率因数：$\cos\Phi=0.8$（滞后）；

（6）电流互感器仪表保安系数 FS10；

（7）短路电流倍数：100 倍 I_n。

6. 真空断路器部分

本计量装置采用高压永磁计量专用真空断路器，其优点如下：

该永磁真空断路器采用单稳态永磁机构，合分闸状态特性明显，合分闸过程中不会出现中间位置状态；合分闸状态后线圈不带电，功率小，有效节能99%；弹跳小，速度快，可避免分闸过电压，合闸涌流产生。二次控制系统分两种控制模式即有触点和无触点模块化设计，尢触点模块化设计避免了以往产品二次带辅助触点电路接触不良及维修不便的问题，大大提高了二次控制元件的寿命及可靠性。该产品具有优良的开断特性，可靠机械寿命长达30万次以上，电寿命5万次以上。总体具有节能、免维护、使用安全等特性，该装置最适宜用于投切容性负载、感性负载和配电保护装置中。

7. 功能说明

（1）高压费控装置在完成常规电力计量的同时，还可以完成剩余电量报警、零电量跳闸等。

（2）剩余电量报警：在用户用电过程中，当表内电量达到预先设计的剩余报警电量时，仪表箱外的报警灯将被点亮。

（3）零电量跳闸：在电量用完后，控制装置对装置开关发出指令断开线路，终止供电。

（4）恢复供电：客户交费成功后，通过系统向专变采集终端发送解除跳闸命令，专变采集终端接收到命令，控制仪表室门上允许合闸指示灯亮，通过允许合闸按钮，由客户自行手动合闸。

8. 安装接线

（1）高压费控装置安装方式根据现场情况可有以下几种方案供参考，安装时需水平放置并固定牢靠。

本方案适用于箱式变电站的高压用户。箱式变电站现场设计方案由计量互感器、移出式断路器、终端、计量表计及控制线缆组成，整套设备在柜体内部，落地式安装。

（2）装置原理接线图（见图5-49）。一次进线端为P1，出线端为P2。

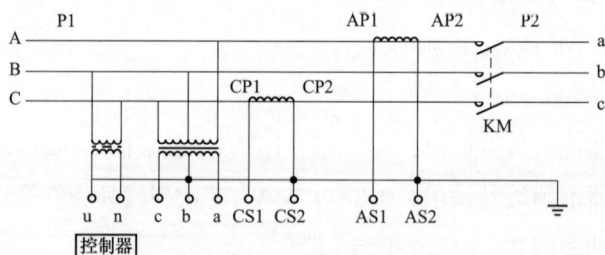

图 5-49　装置原理接线图

（3）从高压费控计量箱上引出两束二次接线，其中一束为计量端子束：即二次出线电压端子 A、B、C，电流端子 AS1、AS2、CS1、CS2；另外一束为控制端子束：u、n 为电子表盘控制器的 220V 驱动电源，其余 U11、U12、U21、U22 为高压开关的控制线。

（4）现场仅需要将计量端子和表箱内专用计量接线盒上的同线号端子连接、控制端子束和航空插头连接即可。

（5）本装置为多变比，若用户变压器容量发生更改，装置有用户所需的变比时，由生产厂家重新接线，经电力部门校验合格后方可使用。

（6）按图接线后应仔细检查：

1）一次进出线、相序是否正确；

2）二次接线是否在所需的电流比位置上；

3）二次计量线到表箱接线是否一一对应；

4）二次端子 b、AS2、CS2 是否可靠接地。

9．工作条件及维护

（1）费控装置前端须有专变专用断路器；

（2）费控装置须有避雷器；

（3）费控装置二次必须可靠接地（达到接地参数）；

（4）对于易产生谐振的企业，若选用Vv接线的费控装置，应在厂区内加装成套消谐装置；

（5）对于容易发生污闪的企业，费控装置应安装在距离污染源 1～2km 左右的地方；

（6）仪表控制室开关分、合模式均显示开关的真实工作状态；

（7）设备材质的选择应因地制宜（SMC、铁皮喷塑、不锈钢），延长其使用寿命；

（8）费控开关，条件允许，尽量单独安装，与用户侧功能跳合闸相分离，建议优先使用无触点开关；

（9）仪表控制室内采用电子表盘控制器；

（10）确认装置的实际通过电流应该在互感器额定电流的120％以内，过负荷可能影响装置的正常运行，同时也会有较大的计量负偏差，互感器电流比与变压器容量须匹配；

（11）本产品内部不设过电流保护功能，实际使用时请根据线路情况确定是否需要安装过电流保护装置；

（12）装置开关在前级线路跳闸时具有状态闭锁功能；

（13）现场接线时，按照本说明书中接线方式连接计量和控制线路，其他开关和各连接线路请勿随意调整，以免造成装置不能正确动作或损坏；

（14）设备正常投入运行后，将仪表室全部铅封，交付用户允许合闸开关小门的钥匙。

二、设备选型方案

1．方案一

HXGNFK-12 型箱式变电站用费控计量装置，安装时前端应加装智能断路器，或在设备前加装保护开关柜，当线路发生故障时，能有效保护费控装置不被烧坏，当费控装置 PT 爆炸时不会造成主线路跳闸。该型号装置为箱式变电站专用，其安装方案需考虑并柜，应提前预留费控装置位置，提供柜体尺寸、母线高度等参数。

HXGNFK-12 型箱式变电站用费控计量装置适用于高供高计，计量点在箱式变电站控制总路的用户。HXGNFK-12 型箱式变压器用费控计量装置由互感器、真空永磁开关、壳体及控制线缆组成；互感器和真空永磁开关、电子表盘控制器以及专变采集终端、电能表、线路巡检仪等组装在柜体内部，控制电源取自独立电压互感器。

HXGNFK-12 型箱式变电站费控计量装置参考图如图 5-50 所示。

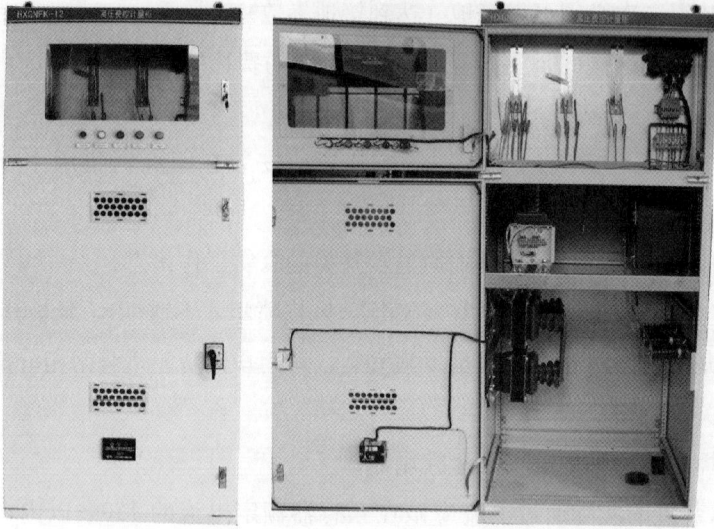

图 5-50　HXGNFK-12 型箱式变电站用费控计量装置

HXGNFK-12 型箱式变电站用费控计量装置安装示意图如图 5-51 所示。

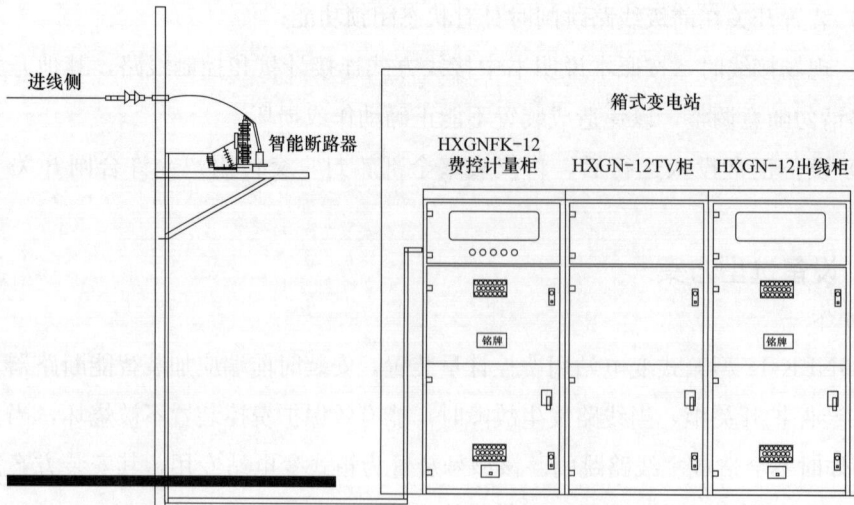

图 5-51　现场安装示意图（一）

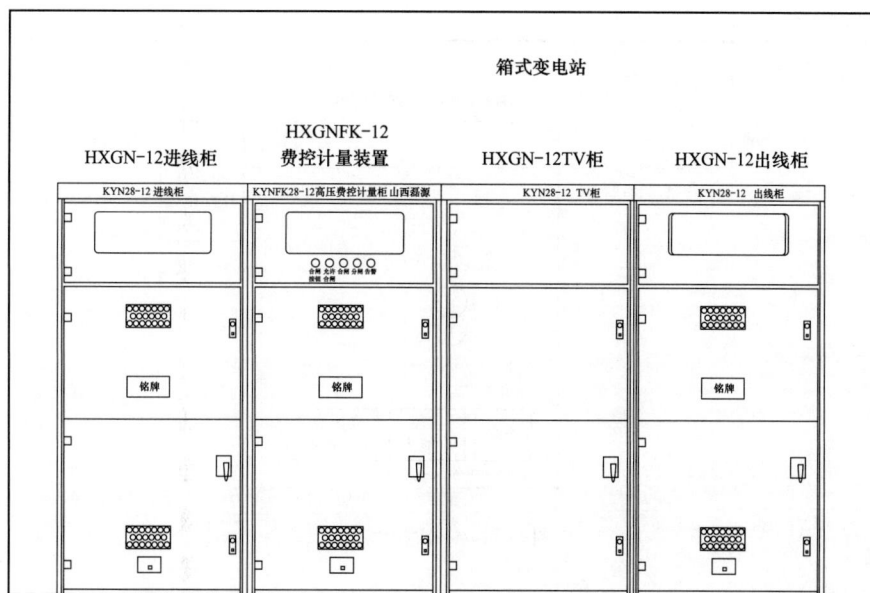

图 5-51　现场安装示意图（二）

HXGNFK-12 型箱式变电站用费控计量装置内部结构示意图如图 5-52 所示。

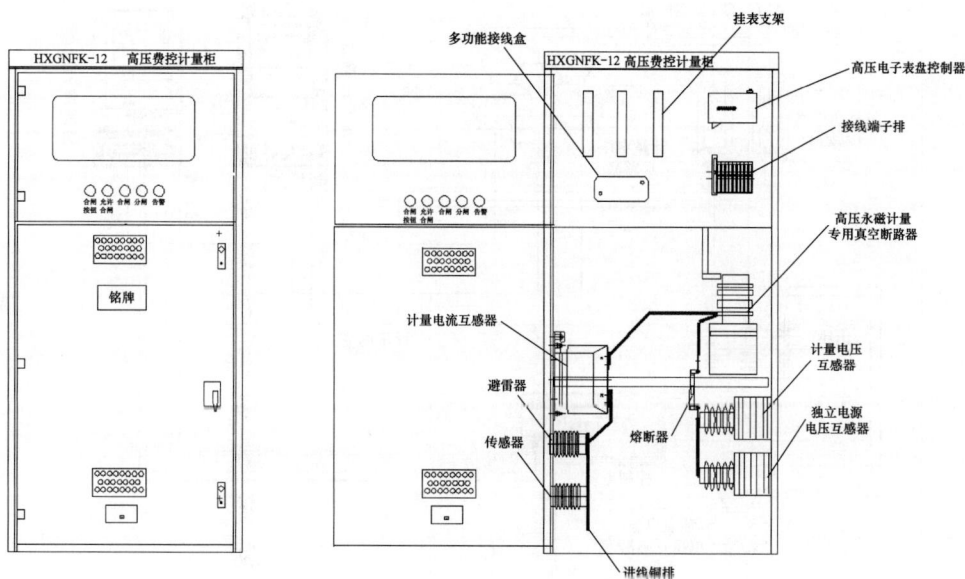

图 5-52　内部结构示意图

HXGNFK-12 型箱式变电站用费控计量装置一次接线图如图 5-53 所示。

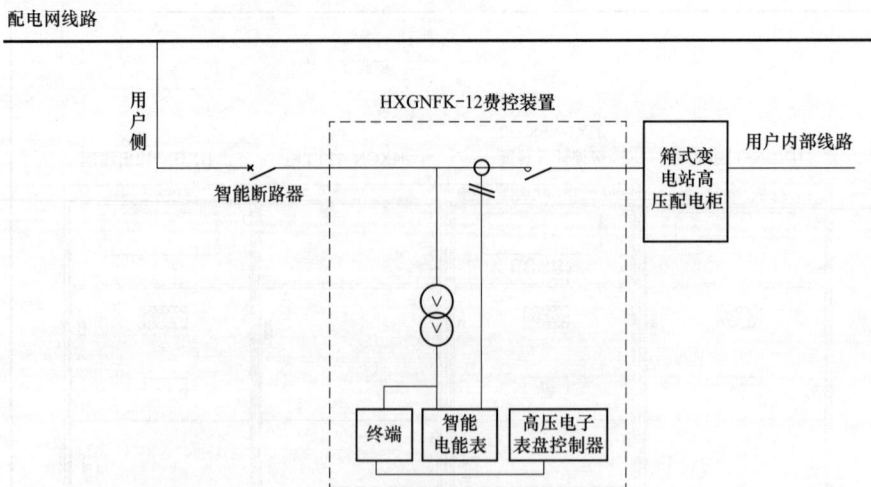

图 5-53　一次接线图

HXGNFK-12 型箱式变电站用费控装置接线示意图如图 5-54 所示。

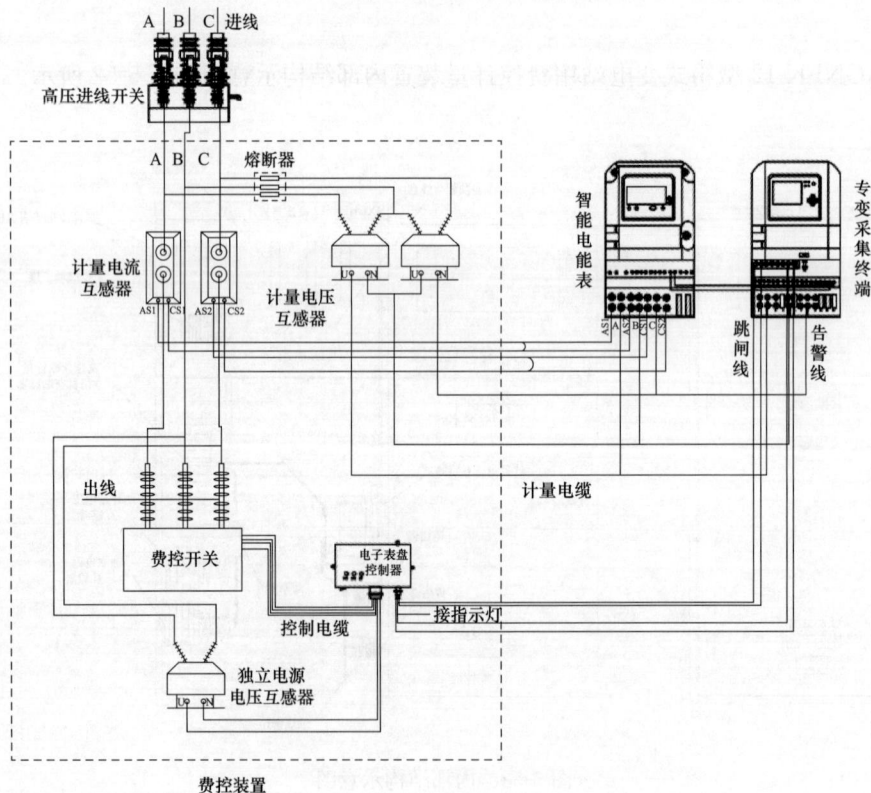

图 5-54　二次接线示意图

2. 方案二

用户选择 HXGNFK-12 型户内箱式变电站双电源电气互锁高压费控装置。其安装示意图和一次接线图分别如图 5-55、图 5-56 所示。

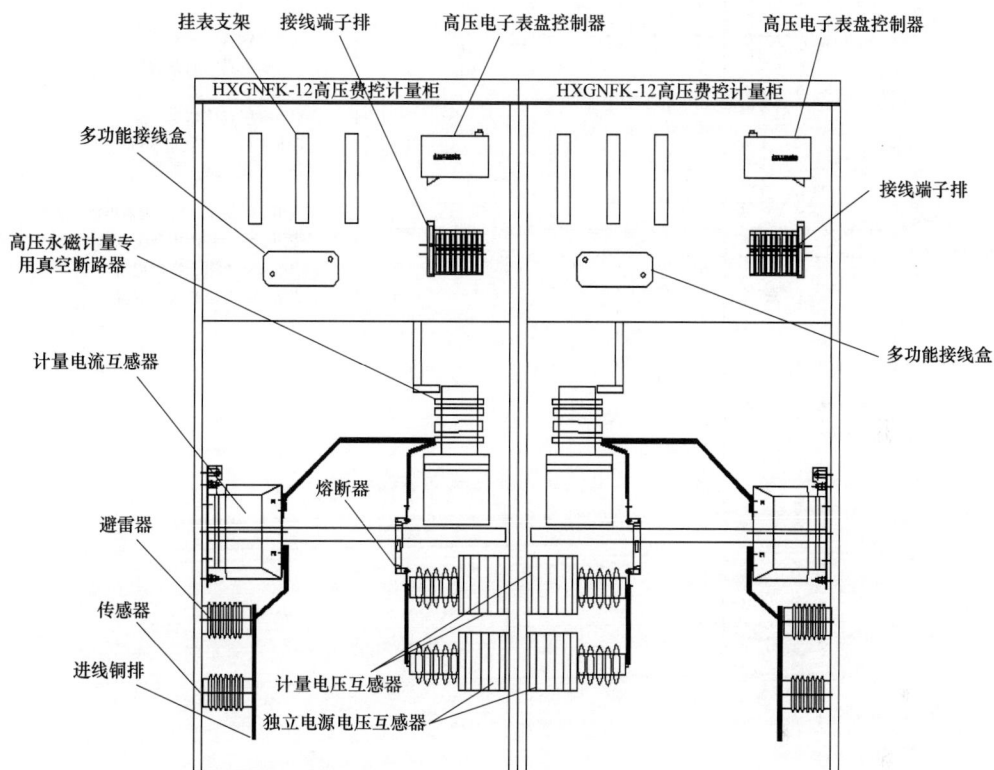

图 5-55　费控开关电气连锁

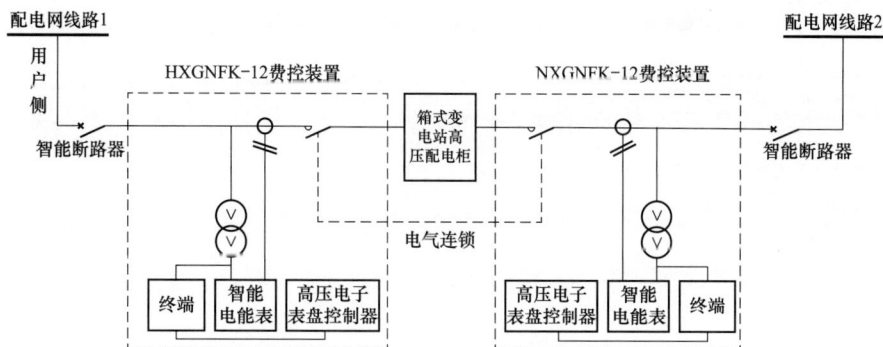

图 5-56　装置一次接线图

10kV 高供高计户内双电源电气互锁费控装置接线原理图如图 5-57 所示。

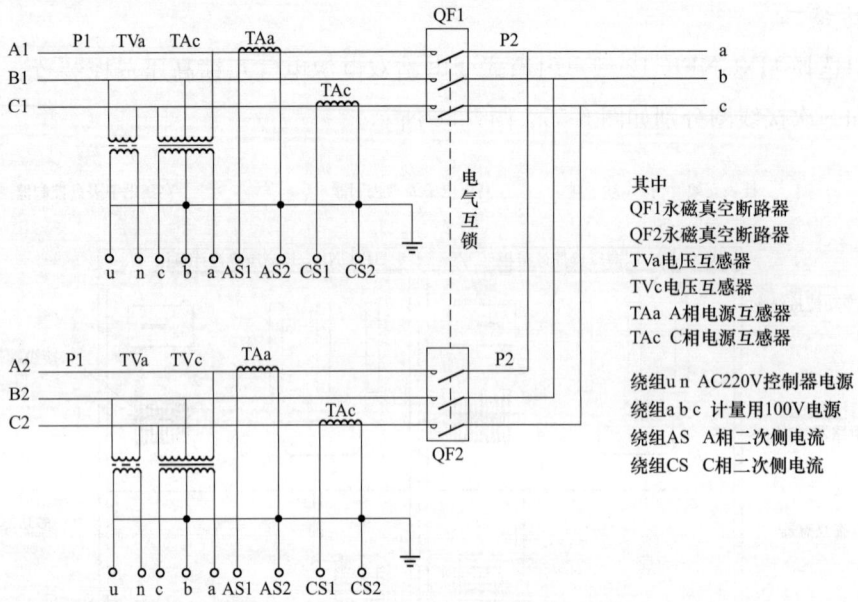

图 5-57 电气互锁费控装置接线原理图

第六章　35kV高压用户费控装置

第一节　杆装式高压费控装置

本地费控和远程费控相结合，实施分路控制，一户一方案方式。在 T 接点安装智能断路器，其后端安装费控装置。

35kV 杆装式高压费控装置参考图如图 6-1 所示。

(a) 35kV浇注式组合互感器

(b) ZW-35费控开关

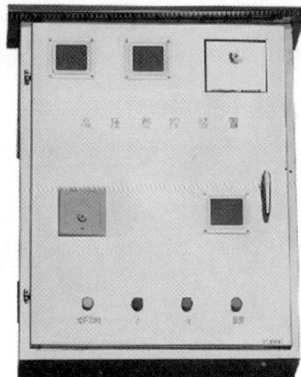

(c) 控制箱

图 6-1　装置参考图

35kV 杆装式高压费控装置安装示意图如图 6-2 所示。

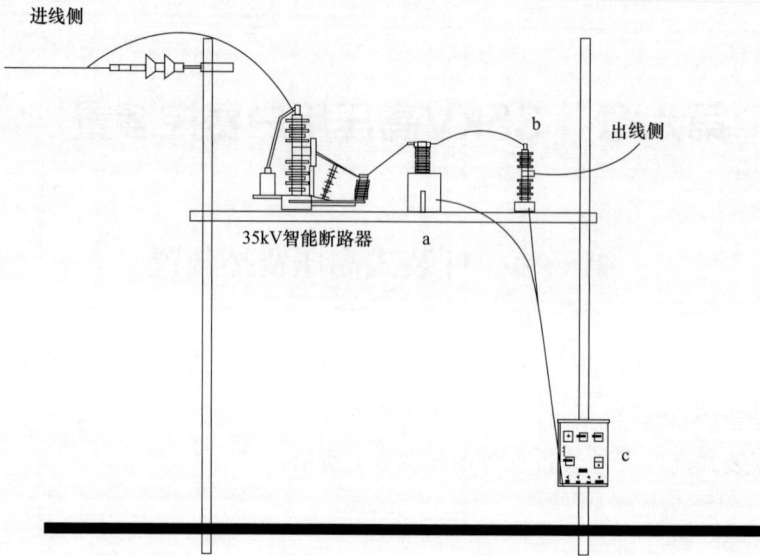

图 6-2　安装示意图

35kV 杆装式高压费控装置一次接线图如图 6-3 所示。

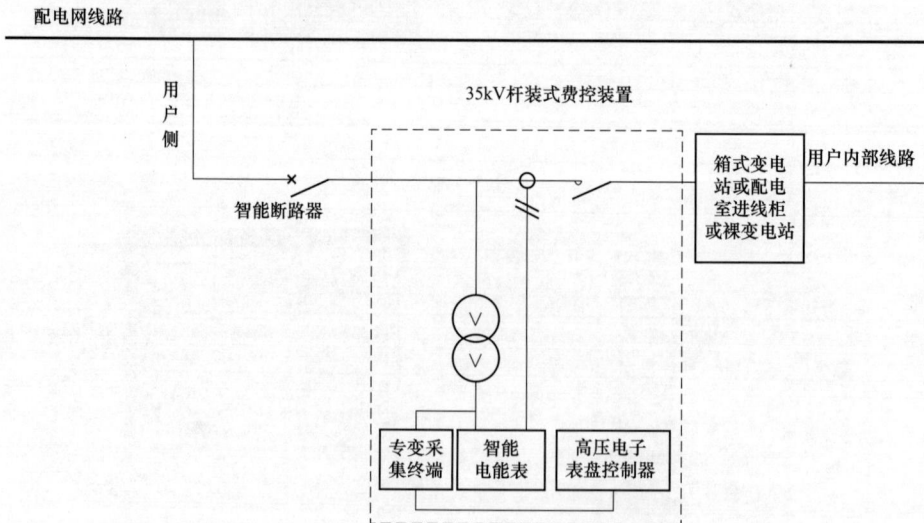

图 6-3　一次接线图

35kV 杆装式费控装置接线示意图如图 6-4 所示。

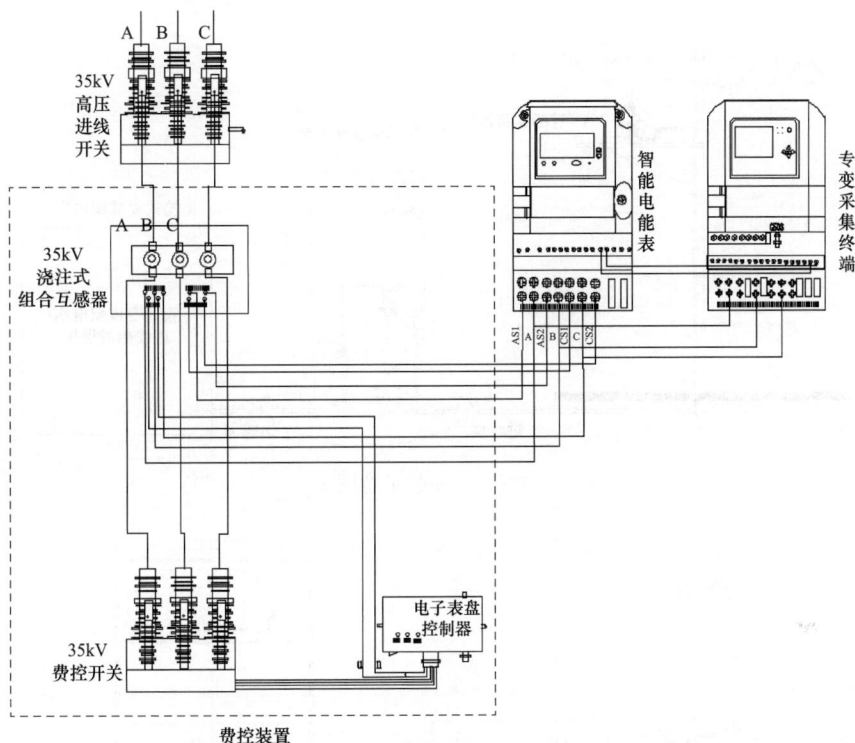

图 6-4　二次接线原理图

第二节　落地式高压费控装置

JLSZVFK-LD-35 型落地式高压费控装置，安装时前端应加装智能断路器，或在设备前加装保护开关柜，当线路发生故障时，能有效保护费控装置不被烧坏，当费控装置 TV 爆炸时不会造成主线路跳闸。该装置分为上下两部分，上部分包括电能表及电子表盘控制器，下部分包括费控装置。该装置应安装在智能断路器后端，且为地面安装，需建安装地基。也可安装于变压器或箱式变电站前端，或者配电室前端。接线简单、方便、可靠。

此方案的优点如下：

（1）将高压费控装置置于不锈钢壳体内，使放电间隙距离达到要求，更安全；

（2）组装起来方便、可靠，计量室校验方便；

（3）防污性能强。

35kV 落地式费控装置安装示意图如图 6-5 所示。

35kV 落地式费控装置内部示意图如图 6-6 所示。

35kV 落地式费控装置一次接线图如图 6-7 所示。

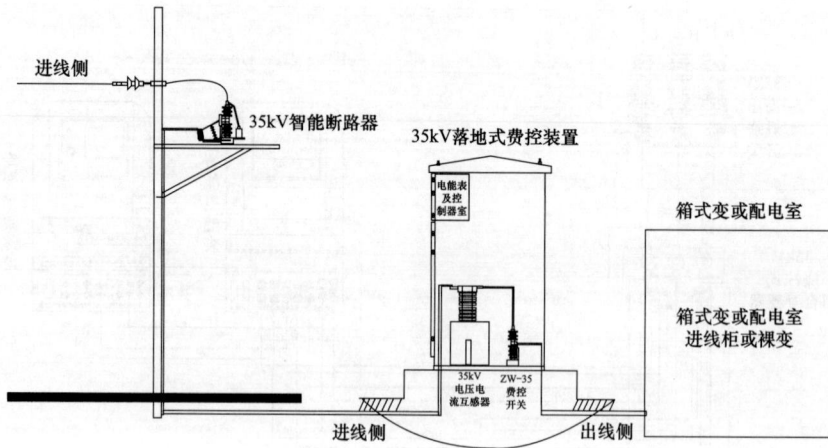

图 6-5 安装示意图

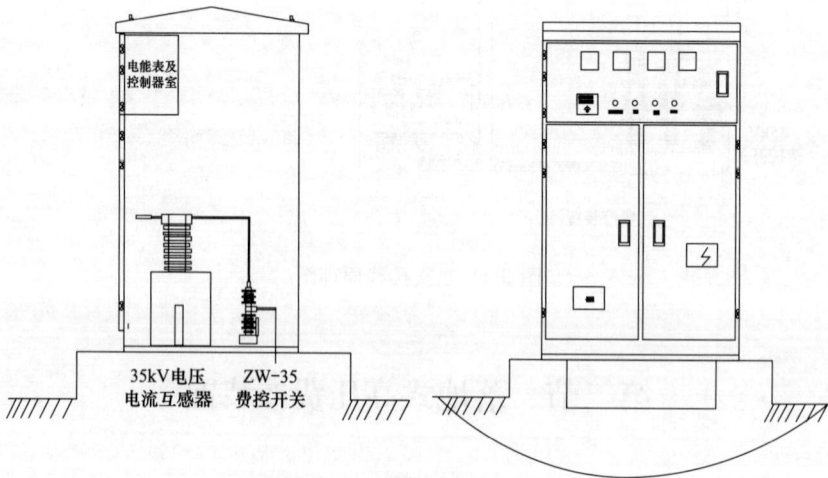

图 6-6 内部安装示意图

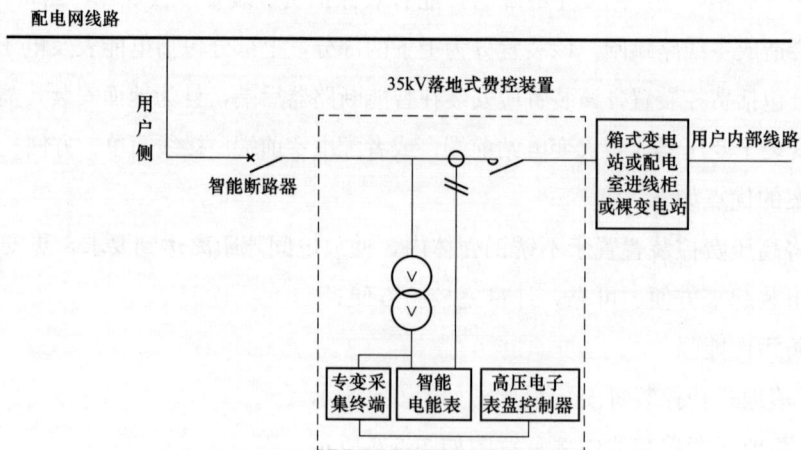

图 6-7 一次接线示意图

35kV 落地式费控装置接线示意图如图 6-8 所示。

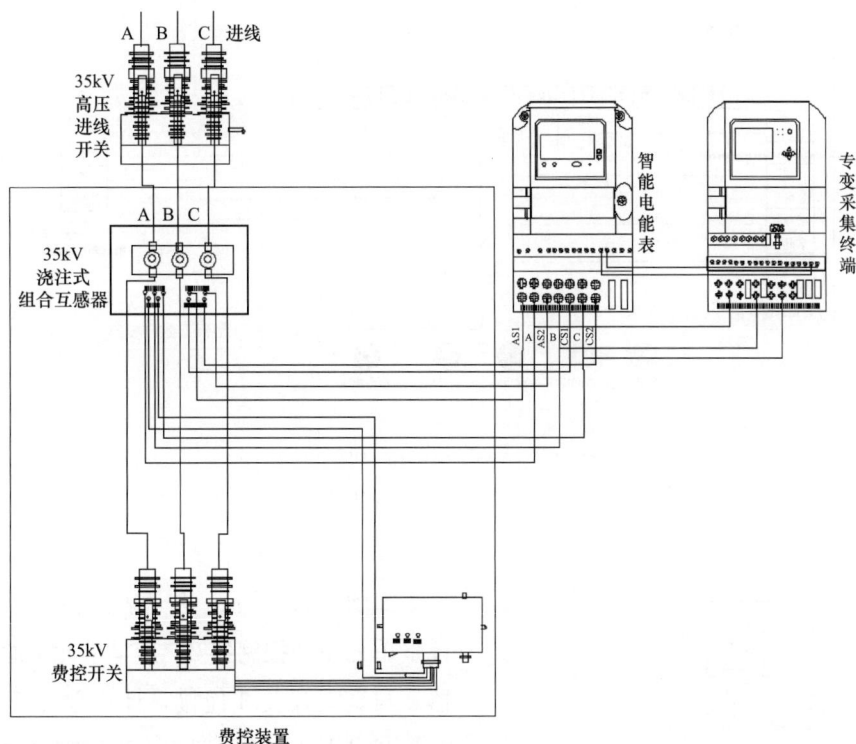

图 6-8 二次接线示意图

第三节 电子表盘控制器介绍

1. 概述

电力公司为解决收费难问题，提高电费回收率，在许多用户端安装了预付费计量表。当购电量使用到接近零时，表计输出报警信号，当电费使用完时，表计输出跳闸信号。但是，如果直接使用表计跳闸信号控制开关跳闸会有很大困难，原因是表计输出节点容量小，起不到控制开关跳闸作用。为此，本书提供了一种解决方案，加装电子表盘控制器，以达到预购电量使用完时控制开关跳闸，其接线如图 6-9 所示。

当表计输出报警信号时，该信号送给电子表盘控制器辅助端子的 13、14 端子，报警指示灯亮（黄色）。当表计输出跳闸信号时，电子表盘控制器跳闸指示灯亮（绿色），并从端子 21、22 端子输出跳闸信号，从而将操作电源引入开关跳闸操作机构控制开关跳闸。当用户再次预交电费后，表计解除跳闸信号，控制器也同时解除跳闸信号，从而将操作电源引入开关合闸操作机构控制开关合闸，此时允许合闸指示灯亮（红色），按允许合闸按钮，开关合闸。允许合闸灯为白色。

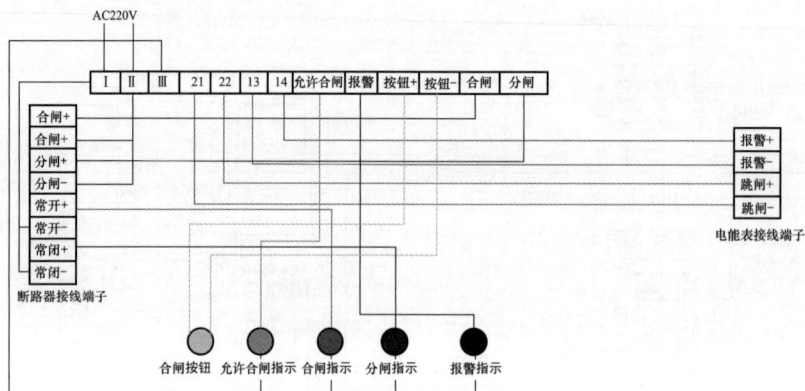

图 6-9　电子表盘控制器接线图

注：该设备在交流 220V 电源情况下工作。

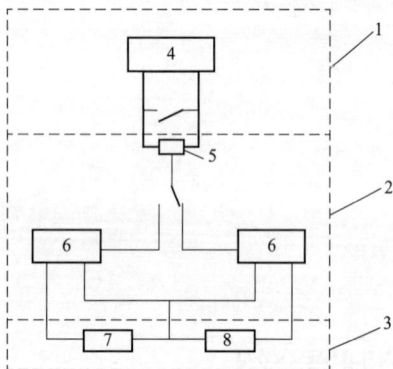

图 6-10　电子表盘控制器的结构示意图

1—计量单元；2—控制器；3—真空开关；4—常开触点；

5—继电器；6—整流器；7—分闸线圈；8—合闸线圈

2. 工作原理

如图 6-10 所示，电子表盘控制器，包括计量单元 1 和控制器 2，计量单元 1 通过控制器 2 与真空开关 3 连接，计量单元 1 内设置有常开触点 4，控制器 2 内设置有继电器 5 和整流器 6，真空开关 3 内设置有分闸线圈 7 和合闸线圈 8，常开触点 4 与继电器 5 连接，继电器 5 通过整流器 6 并联设置有分闸线圈 7 和合闸线圈 8。

常开触点 4 包括常开报警触点和常开跳闸触点。

将电子表盘控制器上对应的线分别接到真空开关 3 上，控制真空开关 3 的分闸和合闸，当表盘上的船型开关按到分闸时，通过整流器 6 控制真空开关 3 中的分闸线圈 7 工作，使真空开关有分闸工作；当表盘上船型开关按到合闸时，通过整流器 6 控制真空开关 3 中的合闸线圈 8 工作，真空开关 3 有合闸工作，在合闸状态时，如果有报警信号时，输出报警信号，有跳闸信号时，真空开关 3 执行跳闸动作。

如图 6-11 所示，继电器 5 中的 J8 为总进线电源，J12、J14 连接电能表的常开跳闸触点，J11、J13 连接电能表的常开报警触点；整流器 6 中 J1、J7 为 220V 中的火线，J2 为零线，J1 与 J9 连接，J7 与 J10 连接，继电器 5 跟电源模块通过 J9、J10 连接，J9 输出到 B1，J10 输出到 B2，B1 为合闸模块，B2 为分闸模块，J3、J4 连接真空开关 3 的合闸线圈 8，J5、J6 连接真空开关 3 的跳闸线圈，当用户的电能表正常工作时，计量单元 1 内的常开触点 4 无指令发出，通过继电器 5 和整流器 6 连接的真空开关 3 内的合闸线圈 8 工作，当有报警信号时，常开报警触点闭合，输出报警信号，当有跳闸信号时，常开跳闸触点闭合，完成跳闸。

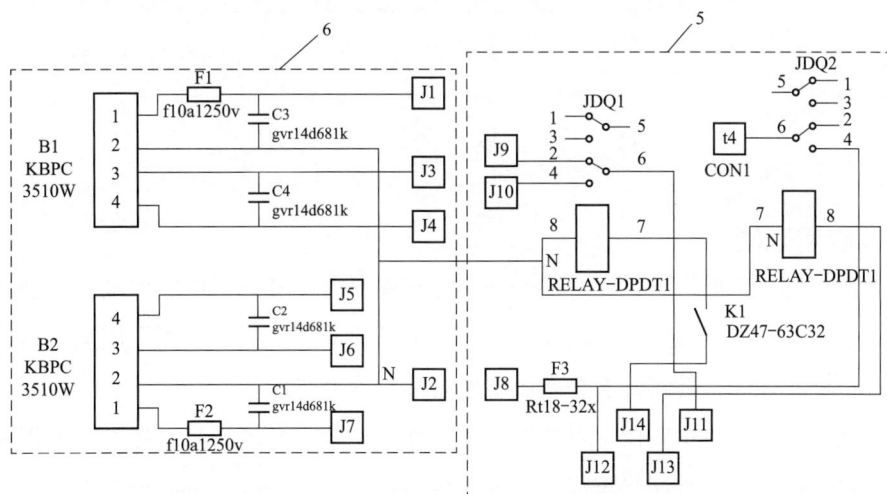

图 6-11 继电器和整流器电路连接图

电源输入 J8 输出到电能表的跳闸常开触点 J12 和报警常开触点 J11 以及通过跳闸继电器中的常闭触点输出到 J9，即通过 J1 到合闸模块 B1，此时合闸模块 B1 输出直流信号到真空开关 3 的合闸线圈 8，开关闭合；当电能表余额不多时，报警常开触点 J11、J13 闭合电源输出到报警继电器，报警继电器动作输出报警信号到报警指示灯 t4；当电能表欠费有跳闸信号输出时常开触点闭合，电源输出到 J10，即通过 J7 到分闸模块 B2，此时分闸模块 B2 输出直流信号到真空开关 3 的跳闸线圈，开关跳闸。因特殊需要在电能表常开触点上并联一个开关按钮 K1 来进行手动方式操作，实现开关的分合闸功能。

第七章 费控交费业务规则

第一节 基 本 要 求

一、应用范围

（1）低压用户：低压居民用户应全部实施智能交费业务；对中断供电后不会造成人员伤亡、重大安全事故和严重政治及社会影响的低压非居民用户原则上应全部实施智能交费业务；分布式光伏等特殊客户暂不实施智能交费业务。

（2）高压用户：对中断供电可能造成人身伤亡、较大环境影响、较大政治影响、较大经济损失、社会公共秩序严重混乱的或对供电可靠性有特殊要求的重要电力用户的重要负荷不宜实施智能交费业务，但对其非重要性负荷可视实际用电和安全生产状况实施智能交费业务；对中断供电后不会造成人员伤亡、重大安全事故和严重政治及社会影响的普通电力用户原则上应全部实施智能交费业务；趸售、并网电厂、分布式光伏等特殊客户暂不实施智能交费业务。

二、办理要求

（1）办理智能交费业务应与用户签订《智能交费电费结算协议》（参考模板见附录 E），条款中应包括电费计算规则、计算频度，预警阈值、停电阈值，预警、取消预警及通知方式，停电、复电及通知方式，通知方式变更，有关责任及免责条款等内容；符合实施范围或存在电费回收隐患的应在新装、增容时一并办理。

（2）除通过智能电能表可直接满足智能交费业务的用电用户外，其他用电用户在新装、增容时必须由电费专业确认是否安装电能计量费控装置，计量专业根据电费专业确定的回收风险控制点，进行电能计量费控装置的安装与调试，业扩专业汇总营销各专业需求统一进行答复。

（3）高压专变用电用户的费控装置安装点原则上应选择在 T 接点负荷侧，对于现场条件不满足，确实需要共用开关的，应征得设备管理部门或调控部门同意。高压费控装置安装后应进行断合调试，确保费控装置所控制的负荷与《智能交费电费结算协议》相关条款一致后，方可投入运行，调试情况纳入计量专业有关记录中。

（4）高压专线用电用户的费控装置安装点原则上不得选择在变电站关口侧，应优先选择控制非生产性、非重要性的负荷，对于确实需要安装在变电站关口侧的，应征得设备管理部门或调控部门同意。费控装置安装后应进行断合调试，确保智能交费终端所控制的负荷与《智能交费电费结算协议》相关条款一致后，方可投入运行，调试情况纳入计量专业有关记录中。

（5）实施费控策略的电力用户，原则上建议停电采取审批停电，即低压用户为两级审批，高压用户为三级审批；复电执行采取自动复电或安全复电，即低压用户为自动复电，高压用户为安全复电。

第二节　计　算　规　则

远程费控系统按营销业务应用系统中客户执行电价标准、计费参数、日采集电量、交费情况进行已用电费和可用余额计算，已用电费计算的频度原则上为1日，最高不超过3日。已用电费的结果应用于智能交费业务的执行，包括预警、停电、复电等。电费结算仍以营销业务应用系统发行的电费账单为依据。

一、已用电费

已用电费＝基本电费＋电量电费（含峰谷）。其中：

基本电费按实际使用天数计算，已用天数＝当前日－上次账单日（即上一次营销结算抄表时间）。如果变压器在这个时间段有启停业务，则按实际启停天数测算，基本电费（容量计费方式）＝运行容量×测算天数×单价/30，基本电费（需量计费方式）＝需量指示数×倍率×测算天数×单价/30。

电量电费＝（本次采集示数－上次结算示数）×倍率×电价，执行峰谷分时电价客户取各分时电度电费之和测算。

变压器损耗电量电费、线路损耗电量电费、功率因数考核电费按月度电费账单为准，不参与按日计算。已用电费按用电户展示，明细按档案电价分别展示。

二、可用余额

可用余额是指用电客户账户余额减去测算电费后，剩余的电费。可用余额在发生交费、冲正、结转、结转撤还、预收冻结与解冻、电费账单发行、测算、不同用户预收互转、退费等业务时，远程费控系统、营销业务应用系统应实时更新，营销业务应用系统应具备查询结果数据和明细数据的功能。

三、阈值设定

（1）阈值设定包括预警阈值设定、停电阈值设定。各单位可根据用户类型、电压等级、月用电费以及管理需要等，设定和变更预警与停电阈值标准。依据客户类型可分为低压居民客户阈值、低压非居民客户阈值、高压客户阈值；阈值分为预警阈值和停电阈值；阈值设定采取"标准化＋差异化"的组合方式。其中，低压居民客户为标准化阈值；低压非居民和高压用户为标准化＋差异化阈值，即预警阈值参考计算标准自行设定，停电阈值统一为 0。低压用户阈值全省统一标准，结合实际情况，经各单位同意后修订，原则上每 2 年修订一次。

（2）高压用户预警阈值应综合考虑用户合同容量、上年度典型月均电费及管理需要等情况进行设置，预警阈值精确到百位。

预警阈值参考标准一：以用户合同容量的 60％利用率为基准电量，按不低于 10％～20％的预警电量进行设置，即预警阈值＝合同容量×720×60％×（10％～20％区间数）×销售电价，销售电价依据本单位上一年度 1～11 月份各电压等级到户均价计算，到户均价（元/kWh）精准到小数点后 2 位，不进行四舍五入。

预警阈值参考标准二：以上年度用户月均电费账单的 10％～20％进行设置，即预警阈值＝上年度月均电费×（10％～20％区间数）。

预警阈值参考标准三：根据用户实际情况，由各地市公司自行调整。

第三节 业务执行规则

一、智能交费业务概述

智能交费业务执行包括电费测算、策略（包括预警、取消预警、停电）、信息、停电指令（包括停电申请和停电审批）、复电指令（包括自动复电、安全复电）。其中，已用电费、生成策略、互动信息、自动复电用户复电指令由营销信息系统依据规则自动执行；高压、低压用户的停电指令均采取审批停电；高压用户的复电指令采取安全复电；低压用户的复电指令一般采取自动复电。

智能交费业务的执行前提是必须签订《智能交费电费结算协议》，该协议应作为电费交付、结算的法律依据，低压居民用户可在《低压居民生活用电须知》中列出或单独签订，非居民用户应作为供用电合同的必要附件。新装、增容等涉及续签供用电合同或背书协议的用户应同步签署《智能交费电费结算协议》。参考模板见附件 3。

二、智能交费业务主要规则

（1）预警策略：用电客户可用余额达到预警阈值时，即可用余额＜预警阈值时，向用户发送一次预警信息，同时用电客户的用电策略变更为预警，预警信息的方式以短信为主，条件具备的情况下应通过掌上电力、电 e 宝等移动客户端同步推送。本策略由营销信息系统自动生成。

（2）取消预警策略：用电客户在预警策略下，交纳电费且经实时计算后的可用余额大于预警阈值时，预警策略自动取消，恢复为正常策略。本策略由营销信息系统自动生成。

（3）停电策略：用电客户在预警策略下，未发生交纳电费的行为直至可用余额＜停电阈值时，用电客户的策略将变更为停电策略，只有在停电策略下，才可通过营销信息系统发起停电申请。本策略由营销信息系统自动生成。

（4）停电申请：适用于高、低压用户，当用户处于停电策略时，可通过营销业务应用系统发起停电申请，停电申请发起人员为网格经理或客户经理。原则上发起停电申请前，应通过手工短信（即电费提醒）再催收一次，再次提醒客户及时交纳电费，尽量减少停电催收次数。

高压用户停电申请环节，营销信息系统校验 3～7 天内是否向用户发送高压预警短信或高压电费提醒短信，如没有发送记录，将限制停电申请流程发送下一环节。

（5）停电范围确认：适用于高压用户，低压用户无此环节，主要确认停电的范围（轮次），停电范围确认人员为县公司营销部副主任（主任）或市公司营业及电费室（供电中心）班组长。

停电范围确认环节，必须上传通知用户将要进行停电及停电范围的电话通知录音文件，若未上传，营销信息系统限制发送下一环节。

（6）停电审批：适用于高、低压用户，主要进行停电审批，审批通过后，停电指令将通过用电信息采集系统，发向智能交费终端执行，对于评估无需进行停电催费的可终止审批。停电审批人员为营业站（所）长或县公司营销分管经理或市公司营业电费室（供电中心）分管主任。

高压用户停电审批环节，营销信息系统将校验上一环节"高压停电提醒"短信发送状态，如发送成功且 30 分钟后方可进行审批；若未发送成功或不满足 30 分钟以上，营销信息系统限制停电审批通过。

（7）低压智能交费短信：向用户发送的短信包括电费预警、电费提醒、停电提醒、复电提醒等；向客户经理发送的短信，包括远程复电失败提醒、远程停电失败提醒。除电费提醒为人工发送外，其余均由营销信息系统依据策略自动发送，电费预警、电费提醒仅在计算日发送，停电提醒在停电成功后实时发送，复电提醒在满足复电条件后（可用余额＞0 元）实时发送。向用户发送的短信需维护客户的账务联系人，向客户经理发送的短信需维护本人手机号码。电费预警短、停电提醒、复电提醒仅发送一次。

（8）高压智能交费短信：向用户发送的短信，包括高压电费预警、高压电费提醒、高压停电提醒、高压安全复电提醒等；向客户经理发送的短信包括高压电费预警、高压电费提醒、高压停电提醒、高压安全复电提醒等。除高压电费提醒为人工发送外，其余均由营销信息系统依据策略自动发送，高压电费预警、高压电费提醒仅在计算日发送，高压停电提醒在停电成功后实时发送，高压安全复电提醒在满足复电条件后（可用余额＞0元）实时发送。向用户发送的短信需维护客户的账务联系人和停复电联系人，向客户经理发送的短信需维护本人手机号码。

三、停复电失败处理要求

（1）停电失败。低压用户：经审批同意的停电用户，在停电失败的情况下，应通过营销业务应用系统进行指令重新下发，3次以后系统仍反馈失败的，应通过用电信息采集系统召测表计状态，如表计为带电状态，可根据情况将停电用户明细下发至掌机进行现场停电操作；如表计为断开状态，则记录有关情况反馈营销业务应用系统、用电信息采集系统运营运维单位。原则上不得通过用电信息采集系统下发停电指令，现场操作停电时应按《安规》规定，保持安全距离。

高压用户：经审批同意的停电用户，在停电失败的情况下，应通过营销业务应用系统进行指令重新下发，3次以后系统仍反馈失败的，应通过录音电话联系用户停复电联系人，明确告知停电的具体范围，明确告知通过间接方式查验是否已停电，如未停电则与用电信息采集系统运维单位联系处理。如已停电则记录有关情况反馈营销业务应用系统、用电信息采集系统等运营运维单位。

提示：停电催费是供电企业常用的一种催费方式，可有效避免电费损失，对部分恶意欠费客户的催费效果也较为明显，但停电催费极易造成供用电双方关系紧张，甚至会因执行不规范引发供电企业违约的事件。建议采取差异化催费策略，停电催费是最后的手段，发起停电申请前，应通过手工短信（即电费提醒）再催收一次，再次提醒客户及时交纳电费，尽量减少停电催收次数。

（2）复电失败。低压用户：客户经理应通过营销业务应用系统重新下发复电指令，再次失败的，要通过用电采集系统直接进行复电操作，系统显示成功后，要立刻联系电力用户确认是否复电成功，并在营销业务应用系统中回录复电信息，以确保电力用户档案中的停电标识与实际一致。通过用电信息采集系统连续3次仍不成功的，要立刻联系电力用户，利用掌机进行现场复电。

高压用户：客户经理应第一时间告知电力用户注意现场安全，与用电信息采集系统运营运维人员联系分析原因，如为采集终端未解锁造成开关无法复电，在确保现场安全的情况下，重新下发指令，连续3次失败的，应会同计量人员进行现场处理；如采集终端已解锁，开关复电不成功的，应告知电力用户由其电气技术人员在安全的情况下核查原因，如电力用户需要现场技术指导，应予以配合，但严禁操作资产属于电力用户的设备。

　　提示：复电失败可能会给用户带来较大影响，直接造成经济或安全损失，需重点关注。建议台区经理设置 A/B 岗，在与电力用户通话过程中，必须采取录音电话。

第八章　案例分析

第一节　安装应用案例

一、杆装式费控装置安装案例

1. 安装应用情况

2015 年 6 月某铁矿厂用户变压器容量为 630kVA，在用户进线断路器后侧安装一台电流比为 40A/5A 杆装式高压费控装置，控用户总路，控制方式为远程费控，如图 8-1 所示。

图 8-1　现场装置应用安装图

2. 安装注意事项

（1）应确定费控装置电流比与变压器容量是否相符，避免线路电流过大，导线过载导致温度升高，使导线绝缘层燃烧，一次线短路或接地引起设备故障。

（2）对于污闪企业费控装置应安装在距离企业 1～2km 左右的地方，并应在厂区内加装成套消谐装置。

（3）安装过程中费控装置严禁撞击。

（4）在费控装置前端应加装智能断路器，避免费控装置故障造成主线路跳闸。

（5）费控装置安装完成后，应将控制线缆的航空插头插入控制箱内电子表盘控制器的插口（避免航空插头裸露受潮）。

（6）费控装置及控制箱外壳均应可靠接地。

（7）费控装置及表计安装完成后，应检查接线是否正确，确定无误后方可通电。

3．运行注意事项

（1）应不定期对费控装置进行检查，避免雷电天气时，费控装置因树木环绕造成一次短路。

（2）应定期进行防窃电检查，因用户偷换互感器之后会造成永久性窃费（由于分界点开关归位，防窃电风险极大增加）。

（3）对于污染企业应定期对费控装置进行清理维护，避免因粉尘过多造成一次短路。

（4）严禁带电状态下无任何防护措施操作费控装置。

二、落地式费控装置安装案例

1．安装应用情况

2019 年 4 月某砖厂变压器容量为 1250kVA，在用户进线断路器后侧安装一台电流比为 75A/5A 的落地式高压费控装置，费控用户总路，控制方式为远程费控，如图 8-2 所示。

图 8-2 现场装置应用安装图

2. 安装注意事项

（1）应确定费控装置电流比与变压器容量是否相符，避免线路电流过大，导线过载导致温度升高，使导线绝缘层燃烧，一次线短路或接地引起设备故障。

（2）安装过程中费控装置严禁撞击。

（3）在费控装置前端应加装智能断路器，避免费控装置故障造成主线路跳闸。

（4）费控装置外壳应可靠接地。

（5）费控装置周围应加装防护围栏，避免行人误入触碰设备。

（6）费控装置及表计安装完成后，应检查接线是否正确，确定无误后方可通电。

（7）费控装置带电状态下严禁开启前后柜门。

3. 运行注意事项

（1）应时时进行防窃电检查。

（2）严禁带电状态下无任何防护措施操作费控装置。

三、高压费控计量柜（箱式变电站）安装案例

1. 安装应用案例

2019 年 5 月某小区变压器容量为 400kVA，在用户进线开关柜后端安装一台电流比为 30A/5A 的高压费控计量柜（箱式变电站），控用户总路，控制方式为远程费控。如图 8-3 所示。

图 8-3　现场装置安装图

2. 安装注意事项

（1）应确定高压费控计量柜电流比与变压器容量是否相符，避免线路电流过大，母排过载致温度升高，导致一次线短路或接地引起设备故障。

（2）安装并柜过程中高压费控计量柜严禁撞击。

（3）安装并柜过程中应注意母排与柜体之间电气间隙是否符合标准。

（4）高压费控计量柜应安装在用户进线开关柜后端，避免高压费控计量柜故障造成主线路跳闸。

（5）高压费控计量柜外壳应可靠接地。

（6）高压费控计量柜及表计安装完成后，应检查接线是否正确，确定无误后方可通电。

（7）高压费控计量柜带电状态下严禁开启前后柜门。

3. 运行注意事项

（1）应定期进行防窃电检查。

（2）严禁带电状态下无任何防护措施操作高压费控计量柜。

四、高压费控计量柜（配电室）安装案例

1. 安装应用案例

2019 年 5 月某小区变压器容量为 1000kVA，在用户进线开关柜后端安装一台电流比为 75A/5A 的高压费控计量柜（配电室），控用户总路，控制方式为远程费控，如图 8-4 所示。

2. 安装注意事项

（1）应确定高压费控计量柜电流比与变压器容量是否相符，避免线路电流过大，母排过载致温度升高，导致一次线短路或接地引起设备故障。

（2）安装并柜过程中高压费控计量柜严禁撞击。

（3）安装并柜过程中应注意母排与柜体之间电气间隙是否符合标准。

（4）高压费控计量柜应安装在用户进线开关柜后端，避免高压费控计量柜故障造成主线路跳闸。

（5）高压费控计量柜外壳应可靠接地。

图 8-4 现场装置安装图

（6）高压费控计量柜及表计安装完成后，应检查接线是否正确，确定无误后方可通电。

（7）高压费控计量柜带电状态下严禁开启前后柜门。

3. 运行注意事项

（1）应定期进行防窃电检查。

（2）严禁带电状态下无任何防护措施操作高压费控计量柜。

五、低压无功补偿费控计量装置安装案例

1. 安装应用案例

2017 年 8 月某食品加工厂在变压器后端安装一台变压器容量为 250kVA 的低压无

功补偿费控计量装置，控用户总路，控制方式为远程费控。如图 8-5 所示。

图 8-5　现场装置安装图

2. 安装注意事项

（1）应确定费控装置规格与变压器容量是否相符，避免线路电流过大，母排过载致温度升高，导致断路器烧毁。

（2）安装过程中费控装置严禁撞击。

（3）安装过程中进线与出线电缆与费控装置断路器连接处应确保紧固。

（4）费控装置外壳应可靠接地。

（5）费控装置及表计安装完成后，应检查接线是否正确，确定无误后方可通电。

（6）费控装置在带电状态下，无任何防护措施严禁开启前后柜门。

3. 运行注意事项

（1）应定期进行防窃电检查。

（2）严禁带电状态下无任何防护措施操作费控装置。

第二节　故障案例分析

一、高压主线路跳闸原因分析

1. 雷雨天气

因为雷电发生时都是超高压，供电线路感应后造成线路电压增高，供电线路上的避雷器保护击穿，继电保护因为电流过大而动作，所以造成跳闸停电。

2. 一次接线头导致高压线路跳闸

（1）由于电力安装员的安装工艺原因，在运行当中出现电缆接头虚接、螺丝松动等类似现象，这种现象是一个很容易被忽视的重大隐患。

（2）窃电原因，线路接触不好和过流造成线路跳闸。

（3）线径过细，安装人员在安装工程中没有采用标准的线材而导致过热短路引起跳闸的现象。

3. 二次短路造成的主线路跳闸

（1）安装过程中务必要严格执行操作规范，以免误操作而导致接电后落闸故障。

（2）偷电非标准操作的方式导致故障。

4. 箱体密封不到位

箱体密封不到位会因环境中导电物质（如灰尘中金属元素）或水进入箱体导致跳闸故障。

5. 不匹配原因

因在配套设施中，没有按照标准配置或更换部分设施导致整套机构不匹配引起实际电量与计量电流比不匹配等原因故障。

6. 外力原因

在正常使用中因树木的生长或建筑施工等外因而导致。

7. 线路断路器故障原因

（1）断路器因长时间不动作，导致内部某些元器件生锈而引起机械能失效。

（2）断路器未设置智能保护装置。

（3）断路器定值设置问题。

（4）断路器误动作。

8. 高压费控装置 TV 爆炸引起线路跳闸

二、高压费控装置 TV 爆炸原因汇总

（1）谐振较高的用户未安装消谐装置。

（2）线路与计量之间无保护装置。

（3）箱体进水。

（4）TV 制造缺陷（二次重复接地、绝缘不够）。

（5）窃电造成二次短路。

（6）误接线（瞬间短路）。

（7）二次无可靠接地。

（8）污闪企业计量与污点距离太近。

（9）雷击。

（10）TV 老化。

（11）超负荷一次短路。

（12）一次短路。

三、故障案例分析

1. 故障案例一

故障描述：某企业安装的高压费控装置在 2008 年 6 月发生电压互感器爆炸事故。

原因分析：该用户使用的高压费控装置的控制线、计量线采用软管式包装，由于线路长期置于户外，在使用过程中出现磨损氧化，导致电压互感器二次线路短路，引起了电压互感器爆炸，如图 8-6 所示。

解决措施：对高压费控装置的控制线、计量线选用铠装电缆。

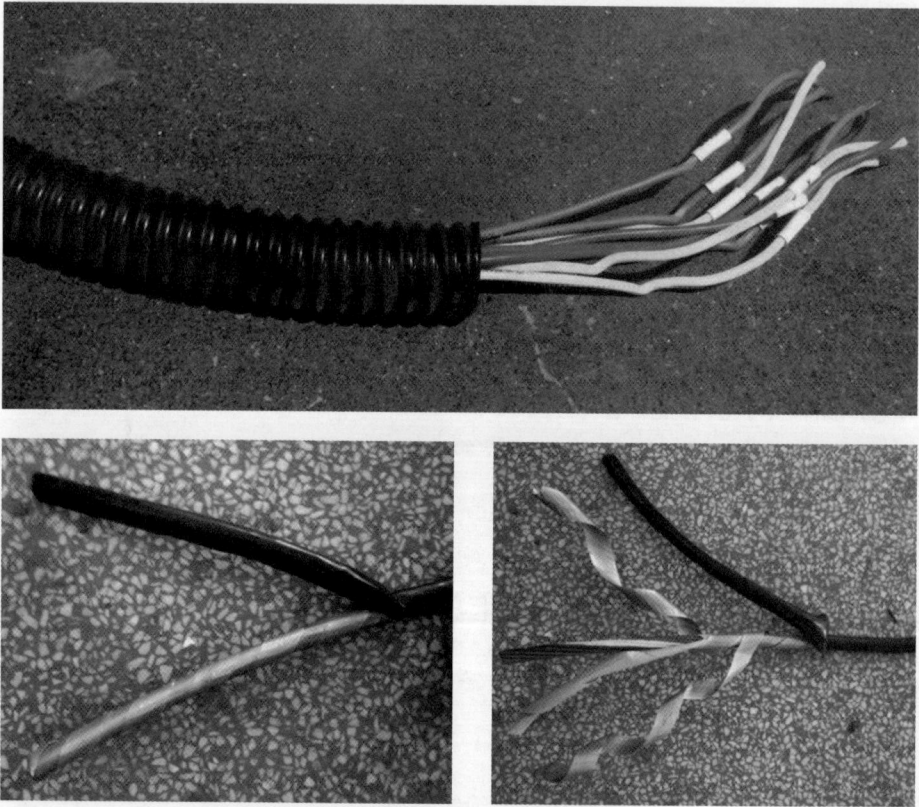

图 8-6 塑料软管包裹的控制线、计量线

2. 故障案例二

故障描述：某 10kV 供电线路因为电压不稳定，造成整条线路上的 3 台高压费控装置电压互感器发生爆炸。

原因分析：由该 10kV 供电线路供电的 3 个高压专变用户分别安装了高压费控装置，且高压费控装置直接与供电主干线路连接，当线路发生故障时引起 3 个高压费控装置的电压互感器均发生爆炸事故，如图 8-7 所示。

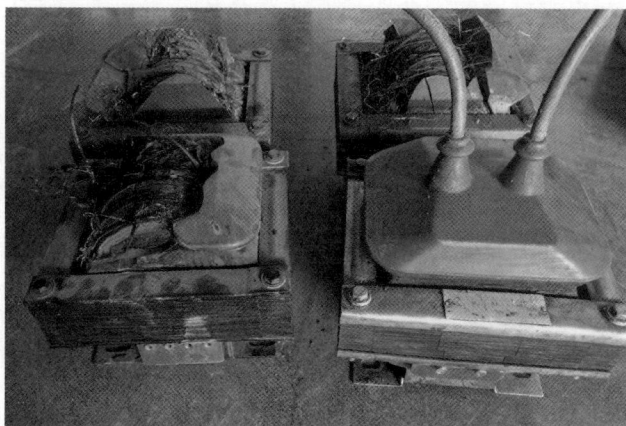

图 8-7 发生爆炸的电压互感器

解决措施：用户在高压费控装置前端安装了智能真空断路器，当线路故障时真空断路器优先动作跳闸，切断用户高压费控装置与主干线路，保护高压费控装置安全。同时当某一用户的高压费控装置故障时，智能真空断路器将该用户优先切除，确保了主干线路和主干线路上的其他用户和设备的安全。

3. 故障案例三

故障描述：某小区 2015 年安装了一台杆架式分体高压费控装置，在雷雨天气时发生了电压互感器爆炸，并造成主线路跳闸。

原因分析：现场勘察时发现，该高压费控装置安装于电杆 6～7m 高处，电杆旁恰好种植有树木，安装时未考虑。随着树木的生长，树枝已经接触了高压费控装置，遇到雷雨天气后，潮湿的树枝连电导致高压费控装置一次短路，造成电压互感器爆炸。又因为主线路与高压费控装置之间无任何保护装置，又造成主线路跳闸，如图 8-8 和图 8-9 所示。

图 8-8 树枝与高压费控装置达不到安全距离

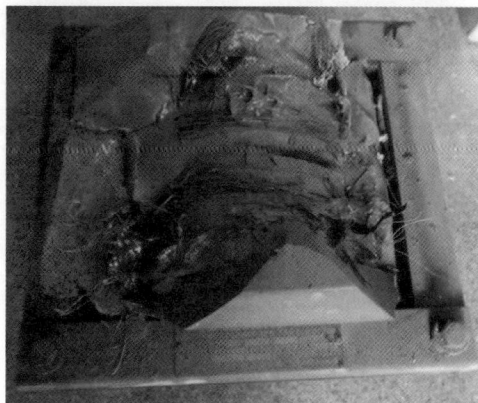

图 8-9 发生爆炸的电压互感器

113

解决措施：①及时对电力线路和高压费控装置附近的树障进行清除，并定期安排专人修剪，保证树木与电力设施的安全距离；②在高压费控装置前端安装智能真空断路器，起到在发生故障时，迅速切除高压费控装置与主干线的电气连接。

4. 故障案例四

现象描述：2016 年 5 月，某供电公司发现其辖区内的某企业用电情况异常。

原因分析：供电公司安排专业人员现场检查后发现，该企业安装了一台高压费控装置，该装置采用不封闭壳体安装，且在装置出现问题后进行了私自维修，将电流互感器二次线路接错，导致该用户计费错误。

解决措施：费控装置选用封闭式壳体，若货物出现问题严禁私自维修。

5. 故障案例五

故障描述：某高压用户安装一台高压费控装置，其电流变比为 150A/5A，在运行 8 年后发生电压互感器爆炸，并造成主线路跳闸。

原因分析：本次故障是因为鸟害导致电压互感器一次短路，引起设备故障，高压费控装置与主线路直接连接，之间没有保护装置，造成主线路跳闸，扩大了事故范围。

解决措施：①从电网安全运行考虑，建议在高压费控装置前端加一台保护用断路器，若高压费控装置运行中发生故障，上一级保护装置优先动作，切断故障设备与主线路连接，确保故障范围最小，安装现场如图 8-10 所示；②在高压费控装置的电压互感器侧加装驱鸟器，如图 8-11 所示。

图 8-10　设备安装现场图　　　　图 8-11　加装驱鸟器后的费控装置

6. 故障案例六

故障描述：某高压用户的 1 台高压费控装置发生爆炸。

原因分析：本次爆炸造成高压费控装置内的多个设备损毁，经现场人员勘察发现，该高压费控装置配置的电压互感器质量不合格，设备没有齐全的质量检测报告，同时，高压费控装置箱体内配置的控制元器件裸露在外，接线不规范，长时间运行中，进入大量灰尘，且有受潮、绝缘导线氧化现象，造成了控制元器件电子表盘灵敏度低，灰尘及元器件受潮生锈后造成二次短路，引起了电压互感器爆炸。故障现场如图 8-12、图 8-13 所示。

图 8-12　爆炸的电压互感器　　　图 8-13　烧毁的控制器

解决措施：因市场上费控装置生产厂家参差不齐，质量难以得到保证，重新购置安装检验合格的高压费控装置，投运前对电压、电流互感器严格做检验测试并出具检测报告，同时购置合格的具备封闭条件的电子表盘控制器，按要求做到规范接线。重新安装的高压电子表盘控制器如图 8-14 所示。

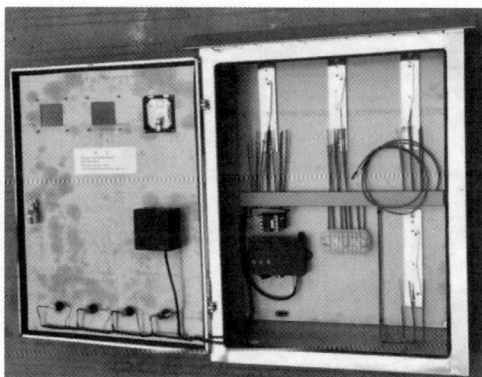

图 8-14　重新安装的高压电子表盘控制器

7. 故障案例七

故障描述：某高压用户新装一台高压费控装置，通电后，电压互感器发生爆炸。

原因分析：经分析，是因为该高压用户所在的线路负荷过大，电流过大，导线过载后导致导线温度升高，导线绝缘层迅速老化甚至燃烧，一次线短路或接地引起了高压费控装置的电压互感器发生爆炸。

解决措施：高压用户在选择高压费控装置时，应根据用户负荷安装与变压器容量相匹配的高压费控装置。

8. 故障案例八

故障描述：在雷雨天气，某高压用户使用的高压费控装置发生电压互感器爆炸。

事故解析：经现场勘察发现，该高压费控装置无避雷器，是遭受雷击后过电压引起的电压互感器爆炸。无避雷器的高压费控装置如图 8-15 所示。

解决措施：在后期的招标采购中，在招标技术规范中明确要求高压费控装置在进线端加装避雷器，确保在极短时间内，如偶遇雷电冲击时，可以有效保护高压费控装置。加装避雷器的高压费控装置如图 8-16 所示。

图 8-15　未加装避雷器的高压费控装置

图 8-16　加装避雷器的高压费控装置

9. 故障案例九

故障描述：部分新装用户在高压费控装置通电时发生电压互感器爆炸。

原因分析：电力公司安装费控装置，一般先安装带开关型组合互感器和控制箱。几日后，甚至更长时间，计量班人员才到现场连接电能表，正式送电，验收签单。安装到送电这个过程中，连接航空插头的几个状态：①航空插头已安装好；②航空插头悬空；③航空插头拖地。

排除外力破坏，航空插头在通电后，会出现几种状态：①通电正常；②由于雨水、潮气、悬空或落地导致插头内进水、受潮，一通电发生插头内 U、N 线路短路而导致电源 TV 爆炸。

解决措施：①确保费控装置安装到连接电能表过程中，航空插头不进水、不受潮；②费控装置加装保险。

10. 故障案例十

故障描述：安装在煤矿等污闪企业的高压费控装置容易发生故障。

原因分析：安装在煤矿、矿山等企业的高压费控装置，因为费控装置长期处于粉尘环境中，容易发生污闪，易导致一次短路，引起设备故障。同时，煤矿等污闪也容易产生谐振，引起设备故障。

解决措施：对于煤矿类的高压用户，在选择安装高压费控装置时，原则上建议将高压费控装置安装在距离企业 1~2km 左右的地方，并在厂区内加装成套的消谐装置，启动对高压费控装置的保护作用。

11. 故障案例十一

故障描述：某高压用户安装的高压费控装置在运行一个月后发生电压互感器爆炸，现场互感器箱体爆炸（电源 TV 爆炸），表计部位的航空插头严重毁坏，智能断路器 TV 炸裂毁坏。

原因分析：分析本次原因，主要是一次线路过电压故障引起了高压费控装置的独立电源 TV 爆炸，出现这种故障，不是一次过电压，就是二次相间短路，根据多年高压费控装置现场故障综合分析来看，二次的相间短路的故障概率很小，电源 TV 一次过电压，二次感应电压也会瞬间过电压，造成航空插头毁坏，而且一次过电压也导致智能断路器 TV 炸裂。

解决措施：供电公司增强对线路异常的监控及对线路上设备的保护力度，因费控装置里的断路器自身没有保护功能，在其前端增加智能保护断路器，并按规定设置其定值，在线路出现异常时能第一时间动作切除故障。

第九章 费控装置检测技术

第一节 通 用 技 术 要 求

一、工作条件

1. 正常工作条件

户内工作条件应满足以下要求：采用高压开关的费控装置，应符合 GB/T 11022—2011，2.2.1 的要求；采用低压开关的费控装置，应符合 GB/T 7251.1—2013，7.1.1.1 的要求。

户外工作条件应满足以下要求：采用高压开关的费控装置，应符合 GB/T 11022—2011，2.2.2 的要求；采用低压开关的费控装置，应符合 GB/T 7251.1—2013，7.1.1.2 的要求。

2. 海拔

采用高压开关的费控装置，海拔超过 1000m，应符合 GB/T 11022—2011，2.3.2 的要求。

采用低压开关的费控装置，海拔超过 2000m，应符合 GB/T 7251.1—2013，7.1.4 的要求。

3. 污秽

费控装置在严重污秽工况条件下，采用高压开关的，应符合 GB/T 11022—2011，2.3.3 的要求；采用低压开关的，应符合 GB/T 7251.1—2013，7.1.3 的要求。

4. 温度

采用高压开关的费控装置，应符合 GB/T 11022—2010，2.3.4 的要求。

采用低压开关的费控装置，应符合 GB/T 7251.1—2013，7.2 的要求。

5. 振动、撞击或摇摆

费控装置应有坚固而平稳的安装底座或支架。存在异常条件的地区，使用方应提出特殊要求。在可能发生地震的安装地点，使用方按照 GB/T 13540—2009 规定其相应的烈度水平。

6. 覆冰

超过 20mm 的覆冰厚度由制造厂和使用方协商确定特殊技术参数。

7. 其他

费控装置在其他特殊使用条件下使用时，使用方应按 GB/T 4796.1—2017 规定其环境参数。

二、额定值

1. 额定电压

开关额定电压标准值、互感器额定一次电压标准值应在以下规格中选取：0.38、3、6、10、20、35kV。

互感器额定二次电压标准值要求如下：

（1）对于传统电压互感器，应在以下规格中选取：100、$100\sqrt{3}$V。

（2）对于非传统电压互感器，应在以下规格中选取：$2\sqrt{3}$、$4\sqrt{3}$V。

2. 额定电流

开关额定电流标准值应当从 GB/T 762—2002 规定的 R10 系列中选取。

互感器额定一次电流标准值应取 10、12.5、15、20、25、30、40、50、60、75、80A 以及它们的十进倍数或小数，有下标者为优先值。

互感器额定二次电流标准值要求如下：

（1）对于传统电流互感器额定值应在以下规格中选取：1A 和 5A。

（2）对于非传统电流互感器应在以下规格中选取：10、20、50、100、200mA。

3. 额定频率

额定频率为 50Hz。

三、外观和结构

1. 通用要求

费控装置通用要求如下：

（1）各组件应采用紧固件固定，紧固件不松动或脱落。

（2）各组件应为国家许可生产的产品。产品符合设计、制造工艺和技术要求，且具有检验合格证。

（3）各组件安装应满足电气间隙要求。

（4）应预留天线孔。天线孔安装终端通信天线的保护罩。

（5）应设置观察窗。观察窗尺寸满足抄表和监视要求，并采用厚度不小于 4mm 的无色透明材质。

（6）电路接线图应清晰。

（7）应设置带密封圈的进、出线孔，门锁采用三点锁紧防撬锁，箱门带有施封孔。

（8）安装在户外时应具有防雨、防晒、防雷击、防电磁干扰措施。

(9) 一次设备和控制箱应采用铠装电缆相连，接头采用航空插头，有电缆防拔插的结构设计。

(10) 一次设备应设置可靠的接地端子，该端子用紧固螺钉或螺栓来连接接地导体，紧固螺钉和螺栓的直径应不小于 12mm。对于整体式费控装置，接地回路应单点接地，对于分体式费控装置，接地回路可分别接地。

2. 开关

高压开关应符合 GB/T 11022 的规定，低压开关应符合 GB 14048.2 的规定，且还应满足以下要求：

(1) 开关操作机构具备电动和手动操作功能，电动操作机构采用无源节点通断控制方式，具备独立的分闸和合闸节点。

(2) 高压开关控制回路有保护功能，在二次回路发生短路时，对元器件进行保护。

(3) 预留两组以上辅助触头，用于开关状态指示。

(4) 操作机构工作电源为交流 220V，工作电流小于 5A 或直流 24V，工作电流小于 10A。

(5) 具有防误动作技术措施。控制信号输入宜为脉冲式输出；脉宽为（300±100）ms。

3. 互感器

若采用电流互感器和电磁式电压互感器的，应分别满足 GB 20840.2 和 GB 20840.3 的要求。

若采用组合互感器的，应满足 GB 20840.4 的要求。

若采用非传统互感器的，应满足 DL/T 1155 的要求。

4. 取能装置

开关应配置独立取能装置，可通过互感器、蓄电池、太阳能电池等装置取电，其额定容量应满足开关及二次设备工作的要求，不宜小于 300VA。若从一次回路取电，取能装置应安装在受控开关进线侧。

5. 控制箱（室）

(1) 电能表。电能表宜采用多功能电能表或经电子互感器接入的静止式电能表，多功能电能表应符合 GB/T 17215.301 的规定，经电子互感器接入的静止式电能表应符合 GB/T 17215.304 的规定。

(2) 专变采集终端。专变采集终端应符合 DL/T 698.33 的规定。

(3) 告警模块。告警模块应具备不少于两路控制信号输入端子，其中一路与箱体门节点开关相连，另一路与采集终端告警节点相连。告警模块具备本地复位功能。

(4) 控制回路。控制回路应满足以下要求：

1) 控制箱内的控制回路导线中间不能有接头。导线采用多股铜芯软线，导线截面积不小于 1.5mm^2。

2) 控制回路具备多路开关控制的接线端口。

3) 至少具备两路遥信、遥控接线端子，至少具备四路指示灯控制信号输入端子，至少具备一路门节点状态信号输出端子。

4) 当采集终端控制节点容量不够或数量不足时，应加装中间继电器。中间继电器除符合 GB/T 14598.27—2008 的要求外，节点数量应不少于 2 路；触点断开容量应满足 5.3.2 中 d) 的要求。

控制回路宜具备自检功能，防止费控装置误动或拒动。

（5）计量回路。计量回路应满足以下要求：

1) 采用传统互感器的，计量回路导线应采用单芯单股、额定电压不低于 500V 的铜质绝缘导线。

2) 采用非传统互感器的，计量回路导线应使用额定电压不低于 300V 的屏蔽绝缘线。

3) 计量回路电流导线截面积不小于 4mm^2，屏蔽绝缘线不少于 0.75mm^2。

4) 计量回路电压导线截面积不小于 2.5mm^2，屏蔽绝缘线不少于 0.75mm^2。

5) 计量回路接线采用透明面盖、防连片错位的联合接线盒进行计量电缆连接，允许带电换表操作。

6) 电压互感器和电流互感器二次侧可靠接地；严禁电压互感器二次侧短路；严禁电流互感器二次侧开路。

互感器二次接线端子与电能表之间的接线满足 DL/T 448—2016，6.3 的要求。

（6）其他要求。控制箱（室）还应满足以下要求：

1) 控制箱（室）门上设置电源指示灯、告警指示灯、合闸指示灯、分闸指示灯。指示灯的颜色采用：电源为白色、告警为黄色、合闸为红色、分闸为绿色。

2) 控制箱（室）上设置手动分闸按钮、手动合闸按钮。按钮的颜色：合闸为绿色、分闸为红色。

控制箱（室）门设置门节点开关，用于箱（室）门状态指示。

（7）标识。一次端子应有明显的相序、进出线侧和接线端子标识。二次电路导线两端都应有相应的回路标号，接地端子用 N 或接地符号"⏚"标识。控制箱体正面应有明显的警示标识。

（8）铭牌。整体式费控装置铭牌应包含开关、互感器必要的信息。分体式费控装置可单独配置铭牌。铭牌包含但不限于以下信息：

1) 产品名称。

2）额定电压。

3）额定电流。

4）额定频率。

5）产品型号。

6）出厂编号。

7）出厂年月。

8）制造厂名。

9）产品生产标准号。

四、电气安全要求

1. 额定绝缘水平

高压开关、互感器额定绝缘水平应满足表 9-1 要求。

表 9-1 额 定 绝 缘 水 平

额定电压（有效值）（kV）	设备最高电压（有效值）（kV）	一次端额定工频耐受电压（kV）	额定雷电冲击耐受电压（kV）	二次端额定短时工频耐受电压（kV）
		相对地	相对地	
3	3.6	18/25	40	
6	7.2	23/30	60	
10	12	30/42	75	2
20	24	50/65	125	
35	40.5	80/95	185	

注 1 非传统互感器不要求二次端额定短时工频耐受电压值。
　　2 对于斜线下的数值，为设备外绝缘干状态下的耐受电压值。

低压开关额定绝缘水平应满足 GB/T 14048.2—2008，4.3.1.2 的要求。

专变采集终端额定绝缘水平应满足 DL/T 698.31—2010，4.6.2 的要求。

2. 温升限值

一次回路通以额定电流，费控装置温升应满足以下指标最低值，且在温度允许变化的范围内仍能正常工作：

（1）高压开关温升限值满足 GB/T 11022—2011，6.5 的要求；

（2）低压开关温升限值满足 GB/T 14048.2—2008，7.2.2 的要求；

（3）互感器温升限值满足 GB 20840.1—2010，表 6 的要求；

（4）电能表温升限值满足 GB/T 17215.301—2007，6.4.7 的要求。

第二节　开　关　检　测

（1）工频耐压试验标准值如表 9-2 所示。

表 9-2　　　　　　　　　　　　工频耐压试验标准值

型号	检测项目		技术要求及标准	备注
高压真空断路器	工频耐压试验	灭弧室断口	42kV（1分钟）	
		断路器对地	42kV（1分钟）	

（2）回路电阻测试标准值如表 9-3 所示。

表 9-3　　　　　　　　　　　　回路电阻测试标准值

型号	检测项目	单位	技术要求及标准				备注
高压真空断路器	一次回路额定电流	A	160	250	400	630	
	A 相	μΩ	<170	<150	<130	<100	
	B 相						
	C 相						

（3）开关特性测试标准值如表 9-4 所示。

表 9-4　　　　　　　　　　　　开关特性测试标准值

型号	检测项目		单位	技术要求及标准	备注
高压真空断路器	合闸时间	A 相	ms	<80	
		B 相			
		C 相			
	分闸时间	A 相	ms	<60	
		B 相			
		C 相			
	三相不同期	合闸	ms	<3	不同期即表示 A、B、C 三相合、分闸时间差
		分闸	ms	<3	
	合闸弹跳时间	合闸	ms	<10	

第三节　互　感　器　检　测

1. 短时工频耐压测试

（1）一次绕组对二次绕组及地施加工频试验电压 42kV，1min，无击穿和放电现象。

（2）二次绕组之间及对地施加工频电压 2kV，持续时间 1min，无击穿和放电现象。

2. 误差试验

传统互感器准确度试验方法，应符合 JJG 1021 的规定，电压、电流互感器应符合第一节相关要求。

非传统互感器准确度试验方法，应符合 DL/T 1155 的规定，电压、电流互感器应符合第一节相关要求。

第四节 性 能 要 求

1. 防护等级

控制箱外壳防护等级应满足 GB/T 4208—2017 中的规定：户内安装的，防护等级不应低于 IP31 级；户外安装的，防护等级不应低于 IP33 级。整体式费控装置中开关、互感器的外壳防护等级应不低于 IP54 级。

2. 计量性能

（1）互感器。传统电流互感器、非传统电流互感器计量绕组的准确度等级为 0.2S或 0.5S 级，误差限值应满足表 9-5 的要求。传统电压互感器、非传统电压互感器计量绕组的准确度等级为 0.2 或 0.5 级，误差限值应满足表 9-6 的要求。组合互感器按其所包含的电流、电压互感器的准确度分别定级。

表 9-5　　　　　　　　　　　　　**电流互感器基本误差限值**

准确度等级	电流百分数	1	5	20	100	120
0.5S	比值差（±%）	1.5	0.75	0.5	0.5	0.5
	相位差（′）	90	45	30	30	30
0.2S	比值差（±%）	0.75	0.35	0.2	0.2	0.2
	相位差（′）	30	15	10	10	10

表 9-6　　　　　　　　　　　　　**电压互感器基本误差限值**

准确度等级	电压百分数	80～120
0.5	比值差（±%）	0.5
	相位差（′）	20
0.2	比值差（±%）	0.2
	相位差（′）	10

（2）电能表。电能表计量性能指标应符合 GB/T 17215.301—2007 中 5.6 的要求。经电子互感器接入的静止式电能表计量性能指标应符合 GB/T 17215.304—2017 中第 8章的要求。

（3）互感器与电能表的配合。费控装置中的互感器与电能表用于计量结算的，应按照 DL/T 448 的要求配置，费控装置中的互感器与电能表用于计量考核的，可参考 DL/T 448 的要求配置。

（4）计量回路。计量回路应满足以下要求：

1）电压互感器二次回路压降符合 DL/T 448 的规定。

2）二次回路实际负载不超过电流互感器和电压互感器的额定负荷，且不低于下限额定负荷。

第五节 功 能 要 求

一、费控功能

费控功能应满足以下要求：

（1）专变采集终端控制参数（分合闸指令、购电量值、停电阈值、告警阈值等）应支持远方系统设置和本地设置，并符合 DL/T 698.33—2010 中 4.5.3 的要求；

（2）专变采集终端显示信息应符合 DL/T 698.33—2010 中 4.5.7.1 的要求；

（3）本地费控方式宜启用专变采集终端预购电控功能，并符合 DL/T 698.33—2010 中 4.5.4.2.3 的要求；

（4）远程费控方式：互感器、电能表实现电能计量，专变采集终端采集电能数据发送至远方系统，由远方系统测算剩余电费（电量）；当剩余电费（电量）小于或等于停电阈值时，由远方系统判断后，向专变采集终端下发控制指令，专变采集终端收到控制指令后控制开关完成分闸操作；电力用户续交电费后，当剩余电费（电量）大于停电阈值时，由远方系统向专变采集终端下发允许合闸指令，本地完成合闸操作，恢复供电。

远程费控试验如下：

1）当费控装置处于合闸状态时，模拟远方系统向费控装置下发分闸指令，费控装置应执行分闸操作且5min 内开关位置状态不发生改变，远程费控试验原理示意图如图 9-1 所示；

2）当费控装置处于分闸状态时，手动操作合闸按钮，费控装置应能保持或在 5min 内恢复分闸状态；

3）当费控装置处于分闸状态时，模拟远方系统向费控装置下发合闸指令，费控装置应处于合闸允许状态，完成合闸操作后，5min 内开关位置状态不发生改变；

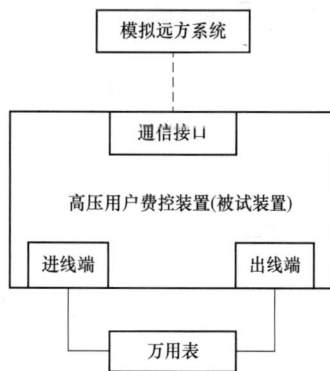

图 9-1 远程费控试验原理示意图

4）当费控装置处于合闸状态时，手动操作分闸按钮，费控装置应执行分闸操作，手动操作合闸按钮，费控装置应执行合闸操作；

5）分闸和合闸状态下分别用万用表测试被试费控装置分合闸状态。该测试项目连续重复2次，2次均通过为合格。

（5）本地费控方式：互感器、电能表实现电能计量，专变采集终端采集电能数据并测算剩余电费（电量）；当剩余电费（电量）小于或等于停电阈值时，专变采集终端应下发控制信号控制开关分闸；电力用户续交电费后，当剩余电费（电量）大于停电阈值时，专变采集终端下发允许合闸指令，本地完成合闸操作，恢复供电。

本地费控试验如下：

本地费控试验应连续重复2次，2次均通过为合格，试验按以下步骤执行：

1）当费控装置处于合闸状态时，设定费控装置停电阈值 Ea 和剩余电费 E1（E1＞Ea），使被试费控装置内电能表运转；当剩余电费（电量）小于或等于停电阈值时，费控装置应执行分闸操作且5min内开关位置状态不发生改变。

2）当费控装置处于欠费分闸状态时，手动操作合闸按钮，费控装置应能保持或在5min内恢复分闸状态。

3）当费控装置处于欠费分闸状态时，设定费控装置剩余电费 E2（E2＞Ea），费控装置应处于合闸允许状态，本地完成合闸操作后，5min内开关位置状态不发生改变。

4）当费控装置处于合闸状态时，手动操作分闸按钮，费控装置应执行分闸操作，手动操作合闸按钮，费控装置应执行合闸操作。

5）分闸和合闸状态下分别用万用表测试被试费控装置分合闸状态。

二、保电功能

专变采集终端应能由远方系统投入或解除其费控装置的保电功能应符合 DL/T 698.33—2010 中 4.5.4.3 的要求。

三、告警功能

告警模块可根据事件触发产生声光告警信号。告警信号的启停及持续时间可配置。告警功能试验方法如下：

（1）设定费控装置告警阈值 Eb 和剩余电费 E2(Eb＞E2)，费控装置告警模块应产生声音或光学告警信号。

（2）设定费控装置剩余电费 E3(E3＞Eb)，费控装置告警模块停止产生告警信号。

四、遥信功能

（1）费控功能试验过程中，费控装置可正确记录和指示开关状态量，通过模拟远方系统查询开关状态量，开关状态量应与开关实际状态一致。

（2）手动开合箱门，费控装置可正确记录门节点开关状态量，通过模拟远方系统查询门节点开关状态记录，门节点开关状态记录应与箱门实际状态一致。

五、事件记录功能

费控装置的参数变更、遥控跳闸、状态量变位、购电参数设置等事件记录功能应符合 DL/T 698.31—2010 中 4.10.4 的要求。

附录1 常用费控开关介绍

1. 微型断路器

微型断路器能够闭合、承载和分断正常电路条件下的电流，而且在规定的异常电路条件下，也能闭合、承载一定时间和自动分断电流的开关装置，包括单极 1P，二极 2P、三极 3P、四极 4P 等四种，如图 1 所示。

额定电压：AC 230V/400V（1P）、400V（2P，3P，4P）；

额定电流：1、3、6、10、16、20、25、32、40、50、63A；

适用范围：用于单、三相低压供电负荷，负荷电流不大于 125A。

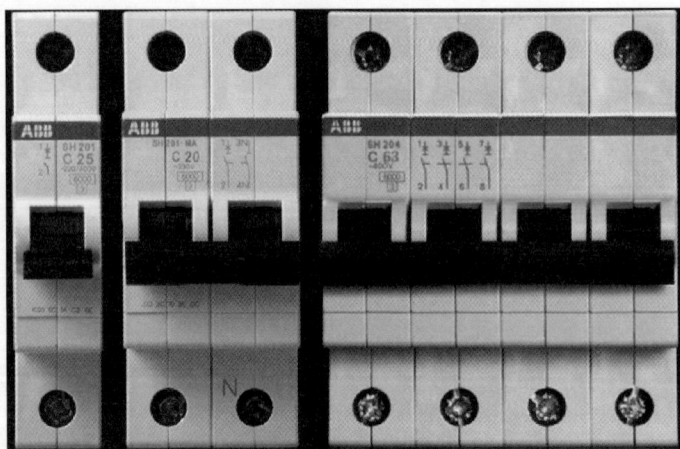

图 1　微型断路器

2. 塑壳断路器

塑壳断路器也被称为装置式断路器，所有的零件都密封于塑料外壳中，辅助触点，欠电压脱扣器以及分励脱扣器等多采用模块化。由于结构非常紧凑，塑壳断路器基本无法检修。其多采用手动操作，大容量可选择电动分合。由于电子式过电流脱扣器的应用，塑壳断路器也可分为 A 类和 B 类两种，B 类具有良好的三段保护特性，但由于价格因素，采用热磁式脱扣器的 A 类产品的市场占有率更高。塑壳断路器是将触头、灭弧室、脱扣器和操作机构等都装在一个塑料外壳内，一般不考虑维修，适用于作支路的保护开关，过电流脱扣器有热磁式和电子式两种，一般热磁式塑壳断路器为非选择性断路器，仅有过载长延时及短路瞬时两种保护方式，电子式塑壳断路器有过载长延时、短路短延时、短路瞬时和接地故障四种保护功能。部分电子式塑壳断路器新推出的产品还带有区域选择性连锁功能。大多数塑壳断路器为手动操作，也有部分带电动机操作机构。

额定电压：AC 400V；

额定电流：50、63、80、100、125、160、200、250、315、350、400、500、630A；

适用范围：用于三相低压供电负荷，可作为支路开关使用。

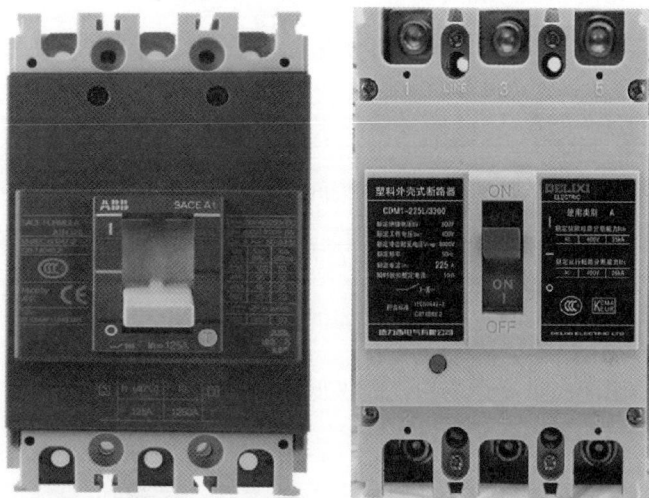

图 2　塑壳断路器

3. 万能断路器

万能断路器又称框架式断路器，是一种能接通、承载以及分断正常电路条件下的电流，也能在规定的非正常电路条件下接通、承载一定时间和分断电流的机械开关电器，如图 3 所示。

额定电压：380、660V；

额定电流：200～6300A；

适用范围：用于三相低压供电负荷，额定电流较塑壳断路器范围更大，宜作主开关使用。

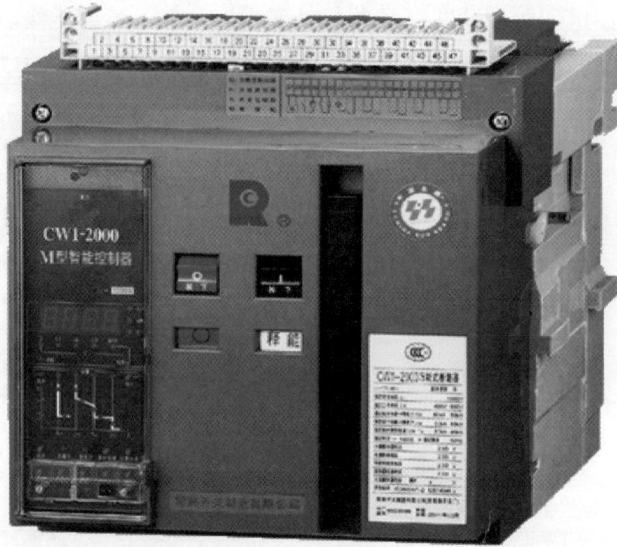

图 3　万能断路器

4. 真空断路器

真空断路器因其灭弧介质和灭弧后触头间隙的绝缘介质都是高真空而得名，如 ZN 系列、ZW32 系列、ZW43 系列真空断路器。

额定电压：380V、10kV、35kV；

额定电流：160~5000A；

适用范围：适用于高供高计用户，高供低计用户。

图 4　ZN 系列真空断路器

图 5　ZW32 系列真空断路器

图 6　ZW43 真空断路器

附录2 高压费控装置原理示意图

1. 费控装置结构原理示意图

费控装置结构原理示意图和控制回路接线原理示意图如图 1 和图 2 所示。

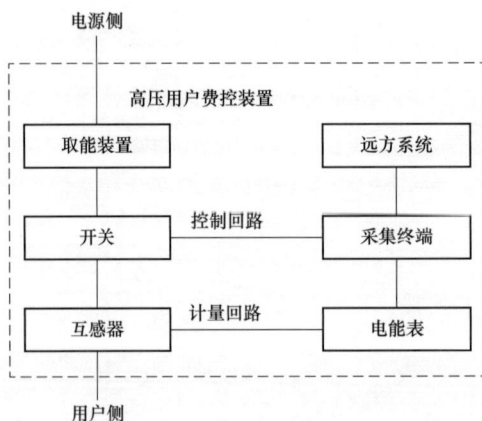

图 1 费控装置结构原理示意图

2. 费控装置控制回路接线原理示意图

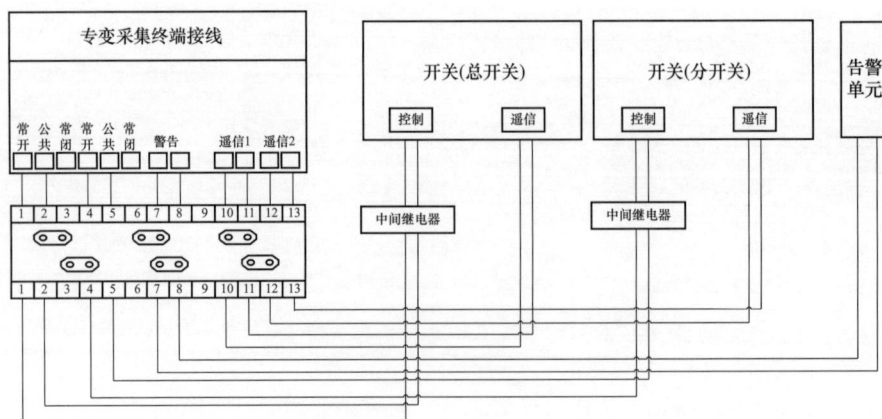

图 2 费控装置控制回路接线原理示意图

附录3　高压费控装置工作流程图

1. 远程费控

高压费控装置远程费控工作原理流程图如图 1 所示。

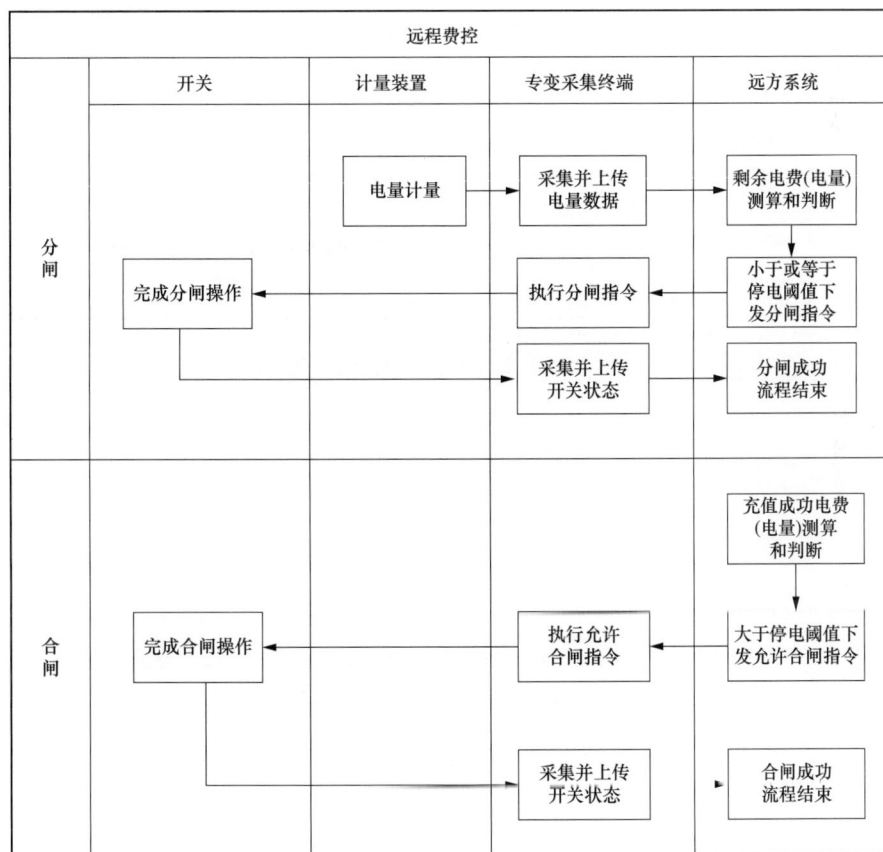

图 1　远程费控工作原理流程图

2. 本地费控

高压费控装置本地费控工作原理流程图如图 2 所示。

本地费控			
开关	计量装置	专变采集终端	远方系统

分闸

电量计量 → 剩余电费(电量)测算和判断

完成分闸操作 ← 小于或等于停电阈值下发并执行分闸指令

采集并上传开关状态 → 分闸成功流程结束

合闸

电量计量 → 剩余电费(电量)测算和判断 ← 充值成功,下发预购电费(电量)

完成合闸操作 ← 大于停电阈值下发并执行合闸指令

采集并上传开关状态 → 合闸成功流程结束

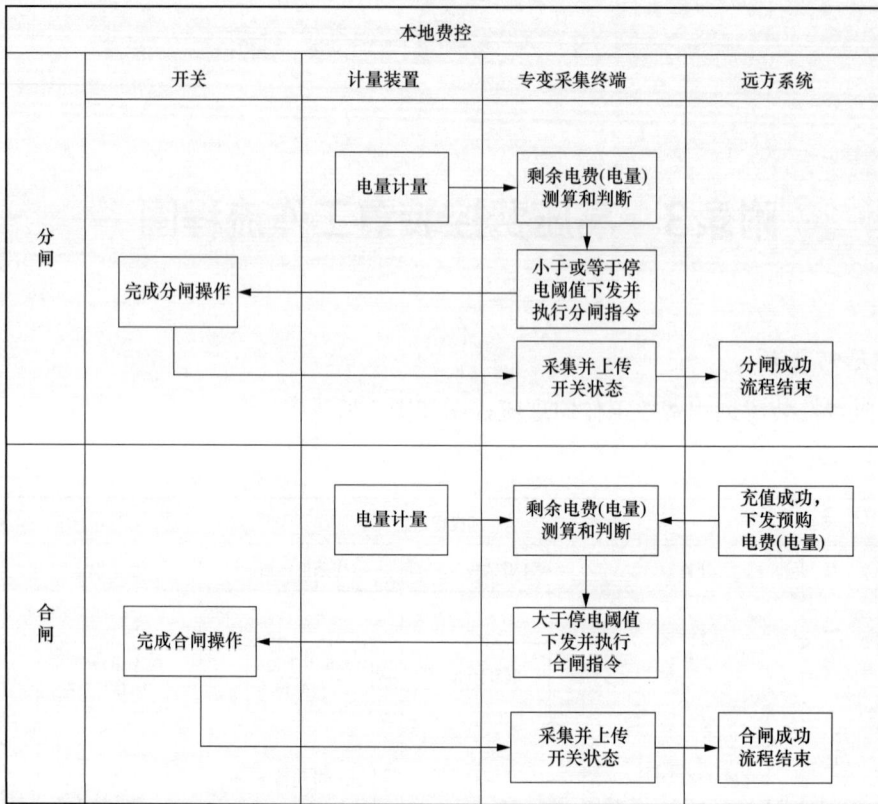

图 2　本地费控工作原理流程图

附录4　高压费控装置选型配置参考表

表 1　　　　　　　　　　高供高计新增客户新增设备配置标准

序号	设备类型	参数要求
1	智能电能表	三相三线：3×100V，3×1.5（6）A 或三相四线：3×57.7/100V，3×1.5（6）A 准确度：不低于 0.5S 级
2	回路状态巡检仪	上行通信信道：GPRS；工作模式：三相三线，三相四线；接线方式：压接式安装，穿心式安装
3	专变采集终端	符合国网标准的终端（Ⅰ、Ⅱ、Ⅲ型）
4	互感器（电磁式/电子式）	CT：0.2S 级，PT：0.2 级
5	断路器（或负荷开关）	符合 GB 1984—2014，具有遥控、遥信功能的真空开关
6	取电 TV	符合 GB 20840.3—2013，双电源输出（AC220V、AC100V）
7	电能计量箱	不低于三表位，配有防破坏电能表观察窗，分合闸按钮
8	辅材	配套支架；带航空插头的控制电缆（要求长度不小于 10m）；隔离杆刀（便于后期维护）

表 2　　　　　　　　　　高供低计新增客户新增设备配置标准

序号	设备类型	参数要求
1	智能电能表	3×220V/380V，3×1.5（6）A 准确度：不低于 0.5S 级
2	回路状态巡检仪	上行通信信道：GPRS；工作模式：三相三线，三相四线；接线方式：压接式安装，穿心式安装
3	专变采集终端	符合国网标准的终端（Ⅲ型）
4	电流互感器	CT：0.5 级
5	塑壳断路器	符合 GB/T 14048.2，具有遥控、遥信功能的塑壳式开关（跳闸回路推荐选择常开触点）
6	电能计量箱	不低于三表位，具备独立费控开关室，开关操作把手外露
7	辅材	配套支架；带航空插头的控制电缆（要求长度不小于 10m）；隔离杆刀（便于后期维护）

表 3　　　　　　　　　　箱变式智能交费终端标准化配置

序号	设备类型	参数要求
1	智能电能表	三相三线：3×100V，3×1.5（6）A；三相四线：3×57.7/100V，3×1.5（6）A 或 3×220/380V，3×1.5（6）A 准确度：不低于 0.5S 级

箱变式智能交费终端标准化配置 续表

序号	设备类型	参数要求
2	回路状态巡检仪	上行通信信道：GPRS；工作模式：三相三线，三相四线；接线方式：压接式安装，穿心式安装
3	专变采集终端	符合国网标准的终端（Ⅰ、Ⅲ型）
4	框架式断路器（控制低压侧）	具有遥控、遥信功能的框架式开关（跳闸回路一般选择常开触点）
5	断路器或负荷开关（控制高压侧）	符合 GB 1984—2014，具有遥控、遥信功能的真空开关（跳闸回路一般选择常开触点），或落地式高压费控成套设备
6	辅材	带航空插头的控制电缆等

表 4 **配电室（柜式）智能交费终端标准化配置**

序号	设备类型	参数要求
1	智能电能表	三相三线：3×100V，3×1.5（6）A 或三相四线：3×57.7/100V，3×1.5（6）A 准确度：不低于 0.5S 级
2	回路状态巡检仪	上行通信信道：GPRS；工作模式：三相三线，三相四线；接线方式：压接式安装，穿心式安装
3	专变采集终端	符合国网标准的终端（Ⅰ、Ⅲ型）
4	断路器或负荷开关	符合 GB 1984—2014，具有遥控、遥信功能的真空开关（一般选择常开触点），或户内永磁真空断路器
5	辅材	带航空插头的控制电缆等

附录5 智能交费电费结算协议（参考）

智能交费电费结算协议

为明确供用电双方在智能交费电费结算业务中的权利和义务，根据《中华人民共和国合同法》《中华人民共和国电力法》《电力供应与使用条例》等有关规定，经双方协商一致，签订本协议。

第一条 智能交费电费结算规则

（一）用电人已用电费每1或3日进行计算一次，已用电费＝基本电费＋电量电费（含峰谷）。其中：基本电费按实际使用天数计算，已用天数＝当前日－上次账单日（即上一次营销结算抄表时间），如果变压器在这个时间段有启停业务，则按实际启停天数测算，基本电费（容量计费方式）＝运行容量×测算天数×单价/30，基本电费（需量计费方式）＝需量指示数×倍率×测算天数×单价/30。电量电费＝（本次采集示数－上次结算示数）×倍率×电价，执行峰谷分时电价客户取各分时电度电费之和测算。变压器损耗电量电费、线路损耗电量电费、功率因数考核电费按月度电费账单为准。

（二）可用余额指账户余额减去已用电费后剩余的电费。可用余额在发生交费、冲正、结转、结转撤还、预收冻结与解冻、电费账单发行、测算、不同用户预收互转、退费等业务时，可用余额实时更新。

（三）电费账单指用电人某一周期内的电费结算金额，一般以单月或双月为周期提供，电费账单作为正式电费发票开具的依据。

（四）双方约定电费预警阈值为大写××元（小写××元），当可用余额低于预警阈值时，用电人的用电状态由正常变为预警。

（五）双方约定电费停电阈值为大写××元（小写××元），当可用余额低于停电阈值时，用电人的用电状态由预警变为停电。

（六）供电人向用电人提供国网商城电费网银、网上国网（掌上电力）、电e宝等互联网交费方式，用电人在使用过程中无需支付手续费，但用电人因使用其他银行直接转账等产生的手续费，由用电人依据银行规定自行承担。

（七）可用余额低于预警阈值时，供电人免费向用电人发送电费预警短信（信息）或电话通知提醒交费。用电人收到预警提醒后，应及时交纳电费，交费后应至少满足可用余额高于预警阈值，同时用电人用电状态由预警变为正常。用电人收到预警提醒未及时交费时，则不会再次进行预警直至达到停电阈值并实施停电。

（八）可用余额低于停电阈值时，且经短信、电话等再次通知，仍未及时交费的，供电人有权发起停电指令。

（九）用电人足额交纳电费，且收到安全复电通知短信或电话时，必须采取必要的安全防范措施确保人员、设备的安全，方可进行现场合闸复电操作，因未确认或未防范等产生的问题，责任由用电人承担。

（十）根据国家有关规定，用电人交纳电费时，供电人开具交费收据，正式发票以电费账单为准开具。

第二条　通知方式

（一）供电人向用电人提供预警、停复电通知（短信）服务，双方联系人如下：

用电人账务联系人姓名：　　　　　　　　手机号码：

用电人停复电联系人姓名：　　　　　　　手机号码：

供电人客户经理姓名：　　　　　　　　　手机号码：

（二）供电人一般采取短信通知用电人的账务联系人、停复电联系人，如采取电话通知方式，供电人可采取录音电话方式。

第三条　费控装置安装地点、停电范围及复电方式

（一）安装地点

安装地点 1：×××，安装后控制用电人××××。

安装地点 2：×××，安装后控制用电人××××。

安装地点 3：×××，安装后控制用电人××××。

费控装置所控制的线路、开关等设备，用电人不得随意变更负荷性质，由于自行变更供电接线方式，造成的智能交费停电范围与实际停电范围不一致，引起的损失，由用电人承担。

（二）停电范围

当用电人可用余额低于停电阈值时，供电人发起停电指令，根据高压费控装置安装地点、数量，停电的范围及轮次如下：

1. 第一轮次停电范围：×××，见下图。

2. 第二轮次停电范围：×××，见下图。

3. 第三轮次停电范围：×××，见下图。

4. 用电人供电电压为低压的，停电范围统一为全部停电。

（三）复电方式

用电人供电电压为高压的，则为安全复电，供电电压为低压的，则为自动复电。高、低压供电电压为以 1kV 为分界点，即低于 1kV 的为低压，高于 1kV 的为高压。

第四条　权利与义务

（一）协议中注明的联系手机将作为供电人向用电人发送智能交费业务、账务联系（与电费等相关的事项）有关信息的号码，如用电人变更联系手机，应及时到供电人营业厅或授权电子渠道办理变更手续，因用电人联系电话变更、手机不在网、屏蔽供电人短信号码或拒接来电等情况未及时收到短信或来电，由此引起的设备损坏、人员伤亡等一切后果由用电人承担。

（二）短信通知内容法律效力等同于书面通知，且以通信运营商发送数据为准。

（三）供电人安装在用电人的智能交费终端属供电企业用电计量装置的一部分，由用电人负责妥善保管，不得故意人为损坏。

（四）用电人不得擅自开启、操作智能交费终端以及与其连接开关等设备的接线回路，否则根据《供电营业规则》第一百条第五款的规定，按违约用电处理。

（五）用电人在供电人未成功下发安全复电时，人为现场合闸造成的设备损坏、人员伤亡等一切后果由用电人承担。用电人应根据实际所需用电量，及时交付电费。如果用电人不能及时缴费，在可用电费低丁零时将自动停止供电。用电人因未及时交费而导致开关跳闸断电，以及由于其工作人员违章操作引起的开关跳闸造成损失的，均由用电人承担。

（六）供电人因系统升级、业务变化或发展需要修改本协议时，供电人将提前进行公告。若用电人有异议，有权选择注销相关业务，若用电人未注销相关服务或继续接受该服务的，视为用电人同意接受该变更或修改，相关业务或协议按变更或修改后的内容执行。双方同意本协议所称公告均指在供电人营业厅、官方网站或微信等渠道等进行公告。

（七）对于设备资产属于用电人的（如供电人智能交费终端所控制的线路、开关等），且通过智能交费业务触发的停电、复电等失败情况下，供电人可提供远程或现场技术支持，提供的技术支持为有限无偿服务，供电人确有原因无法及时提供的，用电人不得以此为由，追究供电人责任。

（八）对于设备资产属于供电人的（如供电人的智能交费终端、开关等），在发生复电失败时，供电人必须进行现场处理，用电人应第一时间告知供电人客户经理（联系人及方式见协议第二条）并提供必要的支持，双方约定供电人必须在＿小时内到达现场进行处理，确因设备彻底损坏、现场无法修复造成用电人损失的，双方根据第三方事故调查结果分别承担相关责任。

第五条　争议的解决

凡因执行本协议所发生的与本协议有关的一切争议，双方应协商解决，协商或调解不成的，选择以下第×条处理：

（1）双方同意提请××仲裁委员会，请求按照其仲裁规则进行仲裁。仲裁裁决是终局的，对双方均具有法律约束力。

（2）任何一方依法提请××人民法院通过诉讼程序解决。

第六条　其他

本协议作为《供用电合同》的必要附件，与《供用电合同》具有同等法律效力，有效期与《供用电合同》相同，有效期内且不影响其他协议条款执行的情况下，每季度可以变更一次预警阈值、停电阈值，可以随时变更联系方式（包括账务联系人、停复电联系人、客户经理的姓名、手机号码），所有变更事宜以变更确认表中最后一次双方签章确认为准，供电人以此为依据在 5 个工作日内完成相关信息更新。

（一）智能交费预警阈值、停电阈值变更确认表

智能交费预警阈值、停电阈值变更确认表

序号	预警阈值	停电阈值	供电人	用电人
1			签章 年　月　日	签章 年　月　日
2			签章 年　月　日	签章 年　月　日

（二）智能交费联系方式变更确认表

智能交费联系方式变更确认表

序号	用电人账务联系人	用电人停复电联系人	供电人客户经理
1	姓　名： 手机号码： 　　　　　　签章	姓　名： 手机号码： 　　　　　　签章	姓　名： 手机号码： 　　　　　　签章
2	姓　名： 手机号码： 　　　　　　签章	姓　名： 手机号码： 　　　　　　签章	姓　名： 手机号码： 　　　　　　签章

第七条　提示和说明

本协议中全部条款用电人已认真阅读，供电人亦就询问作出了必要和合理的说明。双方是在完全清楚、自愿的基础上签订本合同。

第八条　特别约定

本特别约定是合同各方经协商后对合同其他条款的修改或补充，如有不一致，以特别约定为准。

（以下无正文）

智能交费电费结算协议签署页

供电人：（签章）　　　　　　　　用电人：（签章）

委托代理人：　　　　　　　　　　法定代表人（代理人）：

签约时间：　年　月　日　　　　　签约时间：　年　月　日